海洋传奇 HAIYANG CHUANQI

海　商

主　编：陶红亮

编　委：郝言言　苏文涛　薛英祥　金彩红　唐文俊

　　　　王春晓　史　霞　马牧晨　邵　莹　李　青

　　　　赵　艳　唐正兵　张绿竹　赵焕霞　王　璇

　　　　李　伟　谭英锡　刘　毅　刘新建　赖吉平

海洋出版社

2025年·北京

图书在版编目(CIP)数据

海商/陶红亮主编.—北京：海洋出版社，2017.2（2025年1月重印）

（海洋传奇）

ISBN 978-7-5027-9629-7

Ⅰ.①海… Ⅱ.①陶… Ⅲ.①航海－交通运输史－世界－通俗读物 Ⅳ.①F551.9-49

中国版本图书馆CIP数据核字（2016）第283996号

海洋传奇

海 商

总 策 划：刘　斌	发 行 部：	(010) 62100090
责任编辑：刘　斌	总 编 室：	(010) 62100034
责任印制：安　森	网　　址：	www.oceanpress.com.cn
整体设计：童　虎·设计室	承　　印：	侨友印刷（河北）有限公司
出版发行：海洋出版社	版　　次：	2017年2月第1版
		2025年1月第2次印刷
地　　址：北京市海淀区大慧寺路8号	开　　本：	787mm×1092mm　　1/16
100081	印　　张：	11.25
经　　销：新华书店	字　　数：	270千字
	定　　价：	69.00元

本书如有印、装质量问题可与发行部调换

前　言

从太空中航拍的照片中，可以看到，地球是一个蓝色的球体。因为地球表面有 71% 都被海洋占据着，海洋中孕育了生命，海洋让人类走向了更加文明的世界……

人类从一开始就和海洋建立了密切的联系，从原始时代的"伐木为舟"，到现在百万吨的军舰，人类的航海工具在不停地进步。人类在对海洋的认识中，意识到了海洋的重要性，出现了海上活动，人类开始从一个大陆转向另一个大陆，将本国的物品带到其他的国家，人与人之间便产生了物品交换，也就是"海上贸易"。从那时开始，人类便开始认识到海洋可以成为陆地上的通道，联通各个国家，进行贸易往来，从而获取更大的利益。海上贸易的出现滋生了海商的发展，纵观世界航海史，中西方的海商有截然不同的境遇，虽都经商，但结局却差距甚远，让人叹息！

中国地大物博，物产丰富，人口众多，海岸线长 1.8 万千米，况且还有着优良的港口，这些都为中国发展海洋经济提供了十分优越的客观条件。秦汉以来，一直到唐宋，中国在海上的活动十分频繁，那时中国就已经和很多国家保持着长期的贸易往来。到了后来的明朝，开始实行长期的"海禁"政策，这让中国的海上贸易活动严重受阻，这时的海上官方贸易已经行不通了，所以很多以海为生的沿海居民只能转入地下，进行走私贸易，这也就产生了大明政府和走私贩子之间的矛盾。明朝时期的海上贸易，海上势力错综复杂，单打独斗必然遭到打压，这让很多海商聚集人员，组成一支海上武装势力，进行海上走私贸易。大明政府把这些进行走私贸易的人员称之为"海盗""海寇""倭寇"等，海商被扣上了"盗贼"的帽子。

明朝的海上武装势力相当复杂，有来自日本的倭寇，有欧洲来的殖民掠夺者，还有沿海地区的海盗集团，另外就是拥有强大武装势力"海盗商人"。这些被朝廷称之为海盗的商人，他们亦商亦盗，极不稳定，他们拥有数万人，船只千余艘，在海上和官军进行长期的抗争。这段时期出现了很多著名的大海盗，其中包括"净海王"王直、海瑞的孙子海述祖、有胆有才的林道乾、敢于挑战西方殖民者的林凤、割据一方的郑芝龙等，这些海盗拥人数万，经商掠夺，唯利是图，有时会为了利益会展现出残忍血腥的一面。但是他们确确实实都是商人，海盗的手段只是他们迫不得已的行为，要知道走私经商的利润可比抢夺要高得多，况且抢夺有很大的风险，人员可能会有很大的伤亡，所以这些海盗优先选择的一定是经商，而不是为盗。

相比之下，台湾的雾峰林家和板桥林家两大家族就显得比较"高尚"了，这两大家族经商百余年，家资丰厚，商铺无数，在台湾占据着举足轻重的位置。他们虽然富有，但时刻不忘有一颗爱国之心，这也正是本书提及这两大家族的原因。

　　"海盗"虽做盗贼之事，但是他们对海洋事业的贡献是不容忽视的，在那段封建统治时期，他们敢于接受新事物，敢于向封建王朝发出挑战，这也是封建社会下底层人民发出的呐喊。他们顺应了时代的潮流，紧跟航海时代的脚步，促进了国家的发展，让中国文化得以融合，为人类走向世界现代化文明做出了巨大的贡献。

　　中国虽然拥有十分古老的航海传统和航海文化，但中国同时也是一个封建帝国，封建主义制度根深蒂固。中国自古以来就有"重农抑商"的思想，中国的封建统治者也自诩"天朝王国，物产充盈"，再加上"陆主海从"的政策，导致中国根本无法和海洋建立联系。正如恩格斯所说："航海事业与封建制度格格不入。"这些使一个拥有航海优势的大国就这样和海洋失去了联系，导致在那段航海黄金时期错失了一个转折的机会。至此，中国的海洋事业发展严重受阻，海上力量也从此一蹶不振，沦为了一个半殖民地国家，陷入了一段极其黑暗的历史时期。

　　本书对中国的明朝时期的海盗进行了详细的讲解，详述了他们在海上经商为盗的故事，对这些故事进行了较为深刻的分析和点评，语言通俗易懂，内容涉猎全面，除了明朝时期的海盗，对国外的海盗霍金斯也有十分细致的说明，让读者更能充分了解到中西两国的航海史。由于历史原因，书中人物细节难免会有争论，还望读者能够提出宝贵的意见和建议。

　　希望每一位阅读此书的读者，都能从中获益，了解世界海洋文化，发扬"海商"们积极进取、不畏困难的精神！

目　录

> 蔚蓝的海洋中孕育了生命，同时还催生了世界文明。从 15 世纪航海时代开始，人类开始逐步加深对海洋的认识，通过海洋了解全世界。航海贸易对于一个国家来说尤为重要，它代表着一个国家的国力强弱。中国地大物博，拥有天然的地理优势，但是由于中国古代封建势力的影响，海洋事业的发展受到了严重的阻碍。

> 被称为"净海王"的徽商王直是明朝时期著名的海盗，其鼎盛之时拥有数万人，船只千余艘，长期盘踞海上，走私掠夺，称霸海上。明朝的海禁政策让这些原本不想为盗的人最终走上了"海盗"的道路。但是王直可能与其他明朝时期的海盗有所不同，他一生都想让明朝政府改革，能够发展海上贸易，最终被朝廷诱降处死，终未实现伟大的愿望。

海/商

Maritime Commerce

Part 3
海氏家族：从官二代到富二代的成功蜕变··········049

以清廉著称的海瑞终身无子，但却拥有一个"孙子"海述祖，并且这个海述祖还拥有不平凡的海上故事。海氏家族世代为官，到了海述祖这里开始转向海上走私贸易，由一个"官二代"成功蜕变成了一个"富二代"。海述祖拥有很强的商业头脑，但是他唯利是图，为了利益不顾及他人的生死，谁料这样的恶人最终却得以安享晚年，实在是令人不解。

　　明朝时期由于海禁政策的事实，正常的贸易已经无法进行，民众只能进行地下走私，转向海上武装组织，朝廷称这些人为"盗"。海盗林凤就是比较著名的一个，他之所以能够被后人铭记，不光是他的势力强大，主要是他敢向西方的殖民者发出挑战，虽未成功，但是这种勇敢无畏的精神是值得颂扬的。

海/商

Maritime Commerce

Part 6
郑芝龙：创建海商帝国

> 郑芝龙是明朝末年著名的海盗，他的一生极具传奇色彩，虽被称为海盗，也算一个了不起的人物。郑芝龙拥兵数万，曾割据一方，但郑芝龙在政治品德上却为人不齿，他心中没有一个明确的定位，见谁强大就归顺，这一点和他的儿子郑成功是完全相反的。

Part 7
板桥林家：百年商族

> 台湾五大家族中曾最为富有的家族就是板桥林家，板桥林家经商数百年，曾在台湾拥有重要的地位。板桥林家同样也是人才辈出，经商为官，各有千秋，家资雄厚，当时无人匹敌。家族中的众多名人也都是爱国之人，为了国家的发展都作出了不朽的贡献。

　　一个普普通通的农民，竟能有如此大的作为，被后人称为"开兰始祖"，这个人就是吴沙。出身普通的他不满足于现状，决定迁移台湾，后在台湾的宜兰成就了一番大事业。吴沙带领数万垦丁开荒种田，凿山修道，让曾经荒凉的平原变成一个个小村庄，吴沙凭借着勤劳的双手改变了大自然，成就其辉煌的一生。

　　16世纪的英国是一个十分重要的时期，英国凭借着强大的海军力量，打败了西班牙的"无敌舰队"，成为海洋强国。英国为了扩张殖民地，还曾利用海盗的力量还进行奴隶贸易，从中获取了大量的利润，为之后的资本主义发展积累了物质基础。

Part 1

人类的文明富裕之路

蔚蓝的海洋中孕育了生命，同时还催生了世界文明。从15世纪航海时代开始，人类开始逐步加深对海洋的认识，通过海洋了解全世界。航海贸易对于一个国家来说尤为重要，它代表着一个国家的国力强弱。中国地大物博，拥有天然的地理优势，但是由于中国古代封建势力的影响，海洋事业的发展受到了严重的阻碍。

蓝色启示

　　蓝色是大海的象征，浩瀚蔚蓝的海洋占地球总面积的 71%。在 30 多亿年前，海洋中就已经孕育了原始生命。3 亿多年前，生命开始从海洋转向陆地，人类在这片广阔的陆地上开始了新的篇章。水乃万物之根本，从古至今，人类时刻都没有离开海洋，"海"字由"水""人""母"三部分组成，意思就是"水是人类的母亲"，生动形象地说明了人和海洋之间的亲密关系。全球航海活动的到来，使人类离开陆地，走向广博的海洋。人类开始逐步加深对海洋的认识，开始依靠大海进行贸易往来，发展海洋经济，这加速了人类走向文明的脚步，使人类创造了现代化世界。

　　在最初的时候，人类根本不知道自己脚踩的土地是何种物体？也不知道形状，更不知道外面是否还有世界？人类被海洋这道天然的屏障隔开，对世界没有完整的认识，各个陆地之间的人们也无法交流。

浩瀚无边的海洋

古代人从浮在水上的落叶中得到了启示，在数千年前，就有利用树干来渡水的记载。在那时开始用"舟楫之便"获取"鱼物之利"。后来中国人发明了指南针，人类开始敢于渡海到达未知的陆地。早在3000多年前，在埃及的陶器上就发现刻有挂着帆的船只，这说明当时的人类可能已经学会用风来带动帆，从而使船前行。

随着时间的推移，人类对航海已经有了很强的认识，人类开始从海岸边驶向浩瀚的海洋。中国的郑和，西方的哥伦布、麦哲伦等都在航海史上做出了巨大的贡献。使得人类之间的交流更进了一步，货物也开始逐渐流通起来。

航海时代也被称为"地理大发现时代"，人类开始对地球有了更进一步的认识。人类开始认为陆地占据着地球的主要面积，后来通过航海逐步发现地球上大部分是海洋。大航海推动了人类的大规模迁徙，人类开始离开自己的本土陆地，乘着舟船，寻找更适合人类居住的地区。人类的大量迁徙使得更多的陆地和海岛被发现，建立了更多的沿海国家，使人类的居住地增多，同时也奠定了世界人类社会的格局。

大航海还加强了各地之间的文化交流。航海时代，东西方人开始互相产生交流，随着沟通的逐步加强，文化、宗教开始出现融合，文化开始朝着多元化的方向发展。文化的交融使得各地的沿海城市发展得更为繁荣，这些城市都发展成为多元化的国际化港口城市。另外，最为重要的一点，大航海还推动了经济的发展。各地之间不仅出现了人的交流，还推动了商品的流通，所以促使海上贸易的发展，拉动了城市的经济发展，加速了各国资产的积累，很多国家的经济有了跨越式的发展，逐步发展成为更加强大的海上贸易国家。

我国自古以来就有"靠山吃山，靠水吃水"的说法，聪明勤劳的人们很早就知道了这一点，所以才能繁衍至今。黄土地和蓝色的海洋

人类的文明富裕之路

共同养育了中华民族，我国的航海事业也是长期位居前列，并为世界航海史做出了巨大的贡献。

然而著名哲学家黑格尔说："尽管中国靠海，并在古代可能有着发达的航海事业。但是中国并没有分享海洋所赋予的文明。他们的航海，没有影响于他们的文化。"黑格尔的话使我们感到中国航海的历史地位和文化影响在国际上受到了不公平的舆论，使我们愤愤不平。然而仔细分析黑格尔所说的话，回顾我国航海事业的历史，他的评述确实也可以让人接受。

我国是一个古老的封建国家，经历了太长的封建社会的束缚。我国古代一直就是"重农抑商""陆主海从"，王朝统治过于专制，加上自给自足的农业经济，根深蒂固的大陆文化，闭关锁国的对外政策，这些都让我国很难走向海洋。而这严重违背了近代世界发展的整体潮流，让我国在航海时代后陷入贫困落后之中。

相反，比我国起步晚的欧洲国家，开始向世界海洋进军，并以不可阻挡的脚步，迅速发展成为世界海上大国。我国虽然在郑和时期就已经下西洋，但是统治者并没有对海洋产生更多的想法。相反还实行了"海禁"，这使当时的海上贸易受到了严重的阻碍，郑和也只能在那一片海域上行驶，无法远洋到更为广博的海面。由于统治者对海洋的漠视，使得郑和之后再无第二个郑和。最后航海事业没发展成，还被西方殖民者侵略，这确实是我国在航海事业上的最大败笔。

今天，历经千余年之后，我国的航海事业发展极为迅速，但是与那些发达的海上国家相比，我国仍然在艰辛地赶超。我们从黑格尔的话语中也体会到了更多的内容，正是封建帝国的统治，导致我国没能及时走上航海道路，我国的航海优势也没有得到发挥。我国错失了最好的航海时机，错过了可以称霸海上的历史机遇。我们不能忘记这段历史，更不能自卑不前，而是要总结历史经验，重视发展海洋经济，把我国的航海事业推向新的起点。现如今的经济发展，仍然离不开海洋，我们已经吃过一次亏，再不可错失良机，发展我国事业，实现伟大民族复兴，还是要从振兴海洋开始。

海洋社会

人类自古以来都是在陆地上生存、繁衍，随着对海洋的逐步认识，才开始走向海洋。人类已经习惯站在陆地上看海洋，把一切海洋活动都看成是陆地活动的延伸和扩展，用观察陆地的方式和方法来观察海洋，使得很多海洋历史不能得到客观的描述和评价，对海洋的文明也缺乏整体的认识。

人类和海洋的关系是一直存在的，从人类出现开始，就和海洋结下了不解之缘。人类对海洋的认知是逐渐深入的，开始的时候人们只知道海洋就像土地一样，是人类共同拥有的与生俱来的一部分空间，那时的海洋是人类无法逾越的鸿沟，人们面对它只能望洋兴叹。随着人类的发展，航海时代的来临，人们意识到通过海洋可以获取到更多的利益，这时人们开始在海上进行贸易活动，由于竞争激烈，在海上还展开了一系列的争夺，引发了不少著名的海上战争。航海技术不断进步，人们已经认识到海洋是人类发展的第二空间，海洋可以为人类提供食物、能源、矿产、医药、淡水等宝贵而丰富的资源。

海洋是人类生产财富的物质基础，所以世界性的海洋争夺不可避免，海洋上上演的战争不比陆地上的战争规模小，相反很多时候海上的战争更为惨烈。到了20世纪，人类对海洋已经有了非常深入的认识，建立了新的海洋价值观，认为海洋环境是一个整体，是全球生命保障系统的主要组成部分。虽然海洋资源丰富，但是人类也不能毫无禁制地争夺和开发海洋资源，应该按照相应的法律法规共同维护海洋环境，这是人类对海洋认识的重大飞跃，人类已经认识到海洋的可持续发展性。

丰富的海洋资源

在 20 世纪 80 年代，《联合国海洋公约》出台，这便是人类对海洋全新认识的具体体现。在这其中建立了新的海洋秩序，对海洋进行了重新的划分，要求沿海国家和地区保护海洋，实行可持续发展的海洋政策。海洋也正式进入到"全面开发、利用海洋和共同依法管理、保护海洋的新时期"。爱护海洋已经成为了全人类的共识，在发展海洋的同时，一定要做到保护海洋的未来，这对于人类持续发展有着重要的意义。

海洋并不可理解为陆地的延伸，海洋是一个和陆地相对的不同生态环境。依海为生的渔民、海商、海盗等建立了一个社会群体，他们不仅固定居住在陆地，他们还随着船只四处迁移，来到不同的地区，但无论到了哪里，他们都是依海而生，又形成了这样一个相对流动的群体。这部分群体的人数相对于居住在大陆地区的人类来说，当然是少之又少，所以导致人们对其淡化。但是他们创造了历史，传播了文化，是一个不可忽视的社会群体。他们随船将海洋文化传到了世界各地，在沙滩上留下了一个个坚实的脚印。

在宋代就有关于"以海为田"的记载，这里的为田并不是农业种植，而是人们从事沿海捕鱼、开发盐田等，这是古人对海洋的另一种深刻的认识，呈现出一种依海为生的欲望。古代的海田不单单指这些，还包括海上交通和海上贸易。到了明朝的后期，海上经济开始逐渐增长，对"田"的概念也变得更为清晰。明代福建巡抚南居益曾说道："海上之民，以海为田，大者为商，贩于东西洋，……其次则捕鱼。"当官方的贸易受到限制时，"以海为田"的商民仍然没有放弃对海洋的利用，以走私的方式继续进行海上贸易。

海洋的特征是浩瀚、广阔、流动、开放、沟通、无国界。海洋的存在也使居住在海洋附近居民的思维模式不同于其他内陆地区，他们的视野是开放的，而不是只限于陆地。他们的行为方式也是在海上居无定处，四海为家。他们跟随着资源，追随着商业物流航行。同一地区也会有异国人聚集，在同一艘船上也存在不同国家的水手。这就像是一个国家一样，不仅仅养育着本土的民众，也为外来的人民开放了通行证。海员在海上为各国的商人服务，在海上随不同国家船只航行的国际海员，凭借着海员证可以行遍天下，他们当然也有自己特定的习俗和信仰。

自宋代以来一直到清代，黄帝、孔子和妈祖成为国家祭奠的三大神明。在我国沿海地区，大部分的沿海居民以妈祖为信奉对象，妈祖也被供奉为海上的神灵。我国台湾省 2300 万人口中有 1700 万左右的人信奉妈祖，占台湾人口的 70% 以上。另外在新加坡、马来西亚、泰国、印度尼西亚、菲律宾等地区也有大量的人信仰妈祖。这一民间的信仰成为促进国家昌盛、民族团结的推动力。信仰相同可以促进各地区人们之间的交流，更好的交流会带来更好的发展。

根据相关的统计，目前全世界的妈祖宫已经达到了 5000 多座，妈祖的信徒也有 2.5 亿人之多,凡是有华人的地方就会有妈祖宫,妈祖成为华人圈最庞大的精神体系之一。很显然,妈祖已经成为世界上信仰人数最多的宗教之一。

人类通过和海洋直接或者间接的接触,使人和海洋逐渐融为一体,人与人之间的交流也变得更为紧密,就这样产生了与陆地不同的社会结构。海洋经济和海洋文化也开始逐渐产生,并随着世界整体进程的趋势继续发展。海洋社会成为一种先进的社会,所以在今天,我们万万不能拿陆地的思维去思考海洋的问题,不能采取封建落后的观念来认识海洋,那样对于人类必然毫无益处。分析和思考海洋的社会发展,对于人类了解海洋,进一步认识海洋都具有十分重要的意义。

海上武装贸易

古代航海贸易的出现,使人类文明向前又迈了一大步。海上航路的开通使海洋开始呈现出一派繁荣的景象,海上航船来来往往,不计其数。海上的航路就像是陆地公路一样,为人类提供了更为广阔的市场,给人类带来了更多的利益,使社会走上更为文明的道路。更为重要的是,航路的开通开阔了人们的视野,让人类加强了对世界的认识,开启了无限的创世思维和更多向上的航海精神,这些无形的精神财富要比船上装载的货物有价值,这种精神为人类发展提供了不竭动力。

但是,有商业的地方一定会有竞争,凡是有航海贸易的地方,就一定包含着尖锐的利益冲突,这其中包括市场的竞争、资源的竞争和交通航路的竞争。每一艘航船上都满载着货物,商品的价值更是不容多说。远航的商船这时就需要船舰的保护,不然定会遭到其他航船的排挤甚至攻击。所以海上贸易往往就会和暴力武装联系到一起,这是一个开拓征服、掠夺争霸的过程。为了保证自己船上的货物不被抢夺，所以出现了保护海上商船的武装力量。历史上的海上贸易和海上战争是并存的，有利益的地方一定会有冲突。航海本身具有的国际性和军事性，也必然会带来战争。

早在古埃及时期，埃及国王就已经在地中海地区进行海上贸易，那时在海上就建立了武装力量，用来保护他们的海上贸易。古代定居在叙利亚海岸的腓尼基人在海上同样具有武装力量，那时他们就打败了克里特人，在地中海地区进行贸易，成为那里的领头海上商人。

海上贸易和海上的战争是同时进行的，但是由于船舶的功能不同，其构造也有所不同。那时便出现了船身较宽，可以承载更多货物的运输船；而武装船则是船身较窄，而且一般多靠划桨的方式来前行，这样的船只灵活、移动速度快，可以为商船提供很好的保护。腓尼基人制造了双桨划桨船，并且船头设有利器，可对其他普通船只造成伤害，他们利用这样的战舰进行扩张，成为古代最大的殖民者之一。商船和军舰就像是一对孪生兄弟，商船为军舰提供资金力量，军舰为商船提供武装保护。

灵活的木制帆船

随着航海贸易的日益繁盛，巨大的利益吸引着统治者。为了保护各自国家的海上利益，他们建立了各自海上强大的海军舰队。他们在海上交战，获胜的一方当然可以拥有海洋的控制权，这样就确立了海上贸易的范围。海军的主要职责就是维护海上的交通安全，服务海上的本土贸易，而不像陆军那样，驻守边疆。可以看出，海军的使命和陆军是有很大区别的，海军也并不是陆军的延伸。

海洋贸易能为国家带来巨大的经济效益，所以国家为了获得和保护经济利益，当然要建立海上强大的军事力量，控制更多的海上领域。美国著名的海洋学者马汉将国家利用和控制海洋的海上力量称为"海权"，这被国际社会普遍接受。海权不仅标志着一个国家对海洋的总体能力，同时还决定着一个民族的兴衰。

我国古代在长期封建制度的统治下，长期实行闭关锁国和海禁政策的情况，海上活动遭到了严重的限制。"片板不得入海"的海洋政策还让海权如何建立？基本没有所谓的海权。即使建立了强大的海军，但是其巨额的资金也会成为国家沉重的负担。在元、明、清三代，都曾建立过海上一流的强大舰队，但是谁知国家并不扩展海上领域，所以这些所谓的舰队也成为无根之木，必然受到摧毁。

当时的海禁政策，阻止了我国的海上活动。建立的海上舰队，也是一些不出海、避打仗的舰队。明朝郑和的下西洋船队可以说是十分强大，在当时的世界上也无船只与其匹敌，但终究只是封建王朝炫耀的花瓶，最后被尘封起来。清朝也建立了海上舰队，但是也被外来的船队击沉在自家海内。

我国古代封建制度根深蒂固，容不得资本主义的半点侵蚀，所以极力排斥海洋贸易。虽然当时在农业方面较为领先，但是农业生产出的过剩产品并不能给国家带来更多的经济效益，农业所创造的价值不能扩大再生产。所以，我国成为当时世界海洋发展潮流中的落后者，并且一直持续了很长的时间。封建统治者不知道只有把农耕转向海洋贸易社会才能更快的发展，他们也不懂拥有海权，拥有自己的海上领域是多么重要，导致我国经济发展受到了严重的制约。

随着时代的发展，海洋形势发生了很大的变化。21世纪被称为是"海洋世纪"，很多变化随之发生。首先，争夺殖民地的时代已经结束，人类开始进入海洋国家化的新时代,各国开始共同管理海洋,共同分享海洋资源。另外,随着科学的进步,海洋调查逐渐加深,人类除了获取海洋资源,还进行更多的海洋活动,包括海洋科技、海洋经济、海洋法律等。人们对海洋的认识已经达到了新的高度。

商业精神

17 世纪的荷兰,可以说是海上最为强大的国家之一,被称之为"海上马车夫"。当时的荷兰人口仅有 150 万左右,国土面积还不到我国辽宁省的三分之一,有将近一半的国土低于海平面,是著名的"低地之国"。就是这样一个国家,在 17 世纪却在海上称王称霸,一度成为海上最为强大的国家,被马克思称为当时的"海上第一强国"。荷兰能成为强大的海上国家除了其本身的商业革命以外,还有就是荷兰人的商业精神,这种坚持不懈的精神使当时荷兰的生产力达到了前所未有的高度。

1596 年,由三艘船只组成的船队由荷兰出发,前往北极进行第三次考察,此次考察的目的就是寻找由欧洲北部通往东亚的新航道,用以销售荷兰更多的商品。领导整个船队的是巴伦支船长,他带领着船队向北航行,航行的途中还先后发现了一些岛屿,之后船队进入冰原海面,他们的船只被浮冰分隔开,巴伦支所在的船只被困在新地岛上,成为当时世界上第一批在北极越冬的欧洲人。

巴伦支和船上的水手在寒冷的冰面上搭起简单的木棚,同时还挖凿了一些冰窖用以御寒。天气十分寒冷,他们不得不互相依偎在一起取暖,不断燃烧船上的木材。他们的食物很快吃尽了,饥饿致使他们屠杀北极熊和海象,他们依靠这些动物的肉存活了下来。巴伦支船长及其船员在此度过了漫长的 8 个多月,先后有数名船员命丧于此。

在此次找寻通往东亚的新航道中，他们的船上是装有很多商品的，这些商品都是要送往收货人手中。巴伦支和其船员在寒冷的冰面上饥寒交加，为了生存他们其实可以使用船舱内的食品和用品，但是他们为了恪守商人的信誉，并没有这么做。最后艰难地度过了冬天，继续起航，把货物完整地送到了收货人的手中。

此次船队成功将货物送到了目的地，巴伦支和其船员用生命作为代价，恪守住了商人的荣誉，成为航运界的楷模。荷兰人信守承诺、诚信经商的商业理念被广泛推崇，成为当时国际社会共同遵循的经商法则。在这次航行中，年仅 37 岁的巴伦支船长在返航的途中因病去世，但是他们创造的商业精神价值远远大于船舱内装载的货物。诚信乃是为人之本、立业之根，是无形的商业财富。

荷兰有四宝，分别是风车、郁金香、奶酪、木鞋，其中的木鞋位居荷兰四宝之首。木鞋在荷兰出现已有几百年的历史了，面对潮湿的地面，荷兰人选择穿木鞋，直到现在荷兰也有

风车之国荷兰

很多人在穿木鞋。荷兰更是有"风车王国"之称，这些风车的主要作用是排除沼泽中的积水，保障国土不被这些积水冲淹。除此之外，风车还能用于碾压谷物、榨油、造纸等，现在已不多见了。

另外，荷兰还有三大宝，那就是造船、港口和捕鱼。荷兰的成功依靠于海洋，当然还有其本身的不断创新，进行"商业革命"。当时荷兰的鹿特丹港是世界第一大港口，荷兰拥有重要的地理位置。荷兰的船舶制造业当时也是相当发达，创造的特殊平底船简单实用，价格也很低廉，在当时几乎垄断了欧洲的船舶市场。荷兰海上的贸易船只就像是陆地上的马车一样，来来往往，络绎不绝。荷兰的海上贸易当时占据着世界总贸易量的一半以上。

航海贸易利润高，但是风险也大，只有保证贸易正常进行，降低风险，才能获得更大的利润。荷兰人的商业意识已经达到了很强的地步，他们开展了最早的保险业务，从1228年开始就有了人寿保险业务，现在也是海上保险大国。荷兰的海上贸易受益于自身的保险业，同时荷兰还从保险业中获取了巨大的利润。100多年来，荷兰全球人寿公司为世界20多个国家提供了完整的金融保险服务，积累了一大批客户，至今在全世界享有盛誉。

荷兰海上贸易发展迅速，极大地促进了本国的经济发展。大量的金银货币开始循环流入荷兰，金融周转成为新的需求，1609年，荷兰在阿姆斯特丹开设了世界上最早的银行，它吸收存款，发放贷款业务，用政府的信誉作为担保，聚拢社会上的闲散资金。阿姆斯特丹银行为荷兰的经济稳定起到了重要作用。更为重要的是，它发明了一种全新的词汇，现在叫作"信用"。荷兰在长期的经营贸易中建立了良好的信誉，所以银行才能相信这些商人。诚信正在以一种巨大的力量带动荷兰经济的发展，一步步带领荷兰人走向成功。

17世纪初，商业竞争日益激烈，荷兰人决定化被动为主动。在

1602 年荷兰成立了"荷兰联合东印度公司"。荷兰东印度公司是世界上第一家联合的股份公司，为了筹集资金，公司还发行股票。这种股票手续十分简单，人们来到公司，写明借款金额，就可以得到这些股票的分红。通过这样的方式，荷兰把社会上很多闲散的资金聚集到了一起，当时荷兰每年都会向海外派出 50 艘商船，这个数量超过了葡萄牙和西班牙船队数量的总和。

作为海上的"马车夫"，荷兰并不满足，还积极进行意义深远的商业革命，他们开创的商业精神引领着荷兰人奋发向上，诚信经商。他们最早开设银行、最早成立股份制公司、最早开办保险业务等，这些都是推动荷兰发展的关键。荷兰人创造了一个崭新的商业和金融体系，改变了世界的经济结构，推动了世界经济的增长。

在世界发展史上，一个小国能称霸海洋，也是一个奇迹。荷兰在今天仍然保持着世界航运大国、国际贸易大国的地位；一个小国的经济实力稳定位居世界富有国家前 15 名之列；荷兰人的日子富足而安逸，这个小国家仍然影响着世界。

扬帆起航

在大约 3 万年前，周口店的山顶洞人就已经依海而居。他们捡拾贝壳，妇女戴着贝壳项链，开创了原始的海洋文化。约 7000 年前，浙江的河姆渡人开始用原木制造船桨，他们乘着木筏在水中行驶，开启了原始航海；后来我国东南沿海的百越人驾船在海上漂流，把当时的石锛等带到了太平洋上的诸多岛屿。汉武帝时期开辟了海上丝绸之路，将商品带到了欧洲等地；而在明朝时期，郑和七次下西洋，将我国古代航海事业推向了巅峰。

秦代的徐福和唐代的鉴真和尚都曾东渡日本，传播了中华文化，促进了中日文化的交融。日本为纪念鉴真对中日文化交流所作的贡献，还修建了唐招提寺，现在也被列入"世界文化遗产"。

汉武帝时期，开始大力发展海上交通，实行开放政策，可使更多的人走向海洋。"商人勤贸迁，远贩海外"，通过航海使我国特有的产品传入到世界各国。当时汉武帝巡海出游，每次都要邀请很多外国商人随行，让他们可以看到中国的富强。同时，汉武帝还派遣很多使者前去海外考察，这种"走出去，引进来"的方式让当时的汉朝与各国之间出现了商品往来。

到了唐代，我国社会进入了快速发展时期，社会稳定，人口增长迅速，商品经济取得了不错的发展。浙江等沿海城镇极为繁荣，农业商品化发展迅速，农民除了种植粮食作物以外，还种植茶等经济作物。每当到茶熟的时候，就会有大批的商人前来采购，形成了一个颇有规模的茶业交易市场。

东渡日本的鉴真和尚

福建、广东等沿海城市发展相当迅速，除了茶这种经济作物以外，当时的棉布、瓷器、丝绸等手工业也发展很快，造船和冶金等也在国内位居前列。广州和泉州成为当时重要的进出口贸易港口城市，每年抵达广州的船只达到几千艘。到了宋代，还设立了市舶司，海上贸易更是蒸蒸日上。当时的泉州港被称为最繁荣的港口之一。

到了元代，统治者承接宋朝的航海传统，继续实行对外开放政策。根据《元史》记载，元朝的皇帝曾派遣使者到海外进行探访，极为重视海外贸易。元朝政府还创造出一种"官本民办"的海外贸易方式。这种方式是由朝廷选派人员进行海外贸易，所得的钱财三七分，朝廷获取七分，贸易之人获取三分。这是一种带有租赁性质的交易方式，这种方式可以让海上的贸易风险降低，官民同时承担风险，这种合作方式可以让朝廷和民众都获利，促进了海洋贸易的发展。

当时的海上贸易除了官方的朝贡贸易外，海上的私营贸易占据了海上贸易的主体，小本经营的个体商人占绝大多数。他们虽然资金微薄，但是其人员众多，有些大的船只多达数百人，货物放在船下面，他们晚上就躺在上面休息。私营商人艰苦奋斗，努力经营，随着海外贸易的不断发展，很多小商贾变身为大商贾，商界人才辈出。

明朝初期，朝廷拓荒开田，手工业、造船业等发展到了较高的水平。当时的造船技术和生产的船只数量都是位居世界前列的。根据相关记载，明朝永乐年间共改造、制造2800余艘船，其中郑和下西洋用到了2200余艘，占总量的78%左右。郑和的船队"体势巍然，巨无与敌"，是世界航海史上一个伟大的壮举，创造了航海史上的奇迹。孙中山先生为之感叹道："郑和竟然能在十几个月中，制造出60余艘大船，载行上万人，航行于大海之上，这是中国超前轶后的奇举。"

我们的祖先有着十分强烈的海洋意识，有着很强的开拓精神，古老的航海传统让沿海居民追求这种航海生活。民众开始极力发展航海贸易，随着社会生产力的发展和航海技术的不断提高，这种海上贸易已经成为一种势不可当的潮流趋势。我国有着丰富的产品和众多优良的港口，这给我国的航海事业提供了非常好的客观环境。开放和发展已经成为人们的愿望，这股强大的潮流势必会影响到每一个人。在这种情况下，大量人员开始转向航海事业，航行的路线也是由近及远，逐渐远至海外一些地区，航海成为"不能一日废舟之用"的主要谋生手段。这使得沿海地区的人民投入其中，沿海地区的经济得到了飞速的发展。

我国的海航贸易发展为欧洲带去了众多的商品货物，这在一定程度上影响了欧洲工业技术革命，为西方资本主义的兴起作出了贡献。

明朝时期，当时的法定货币铜钱和纸钞均不能满足流通需要。铜币的材料缺乏，铸造量严重不足；纸钞信用欠缺，更是有名无实。明朝中期，朝廷被迫开放银禁，白银通过海外贸易开始大量流入我国，也弥补了我国银矿的不足。

中华民族可以说是早期向海洋进发的国家之一，我国的海洋产业和海洋贸易曾经都位居世界各国之上，同时还孕育了资本主义社会的萌芽，曾成为海上的强国。

闭关锁国

海洋不同于陆地，海水流动连接着整个世界，是实现经济全球化的重要载体。在航空器尚未问世之前，航海是唯一有效的国际交通工具。人类认识地球，认知整个世界，就是通过航海来实现的。人类通过对海洋的认识，开启了航海贸易的发展，各国之间的商品开始进行交易往来，人们之间的交流也逐渐加深，这推动了经济的发展，使人类走向更文明的世界。假如没有海洋，就没有生命和人类；没有航海，就没有现今的文明世界。

在我国，经过宋元时期繁荣的海上贸易后，到了明代出现了很大变化。

在明太祖朱元璋时期实行"海禁"政策，严重影响了海洋贸易的发展。他以一个农民起家的帝王视野，只重农业，而不注重海洋发展。外国的朝贡已经满足了他的好奇心，他已无心再去获取这些东西。而厚往薄来的朝贡贸易只能让国库更加空虚，这种亏本的买卖迟早会带来恶果。沿海的很多民众开始抗旨，要求进行海上贸易；同时边境出现倭寇侵扰，扰乱沿海城市。这时的朱元璋决定采取锁国政策，将整个国家封闭起来，这样就可维护国家的安全。

明朝实行高度集中的王朝统治，统治者认为中原地大物博，农业发达，完全可以自给自足，何必远行海外劳民伤财呢？根深蒂固的封建思想已经给统治者们彻底洗脑，他们想用这种方式来阻断海上的外来势力，同时又想要在这样的情况下建立一个封闭的农业大国。所有的人们都必须在这样封闭的环境下发展，按照封建朝纲的秩序进行一切事务。朱元璋不懂外面世界发生的巨大变化，他也不关心历代积累下来的航海传统，他只知道固守自己的一片土地，用封建陈旧的思想统治一切。

朱元璋还十分重视将祖训制定为法规，他把"重农抑商"政策实行到了极致。他把很多祖训写进了《大明律》中，完全不按照世界潮流发展的方向进行。他将海禁政策也编入了《大明律》，想要彻底断绝沿海地区与外国之间的贸易活动。《大明律》中有很多明确的规定，凡是带违禁品私通番国的，按律处斩，全家充军。

明太祖朱元璋

明成祖朱棣继位后，虽然还是实行海禁政策，但在整体上还是有些变化的。朱棣看到了海洋对朝廷的影响，看到了海上贸易的诸多好处，所以他下令重开了浙江、福建和广东的市舶司，这样很多民众得以出海经商，而朝廷从中收取关税。朱棣灵活的做法让众多海外番国前来朝贡，日本的国王还曾为大明朝抓捕倭寇，一度改善了中日的关系。朱棣下令让郑和下西洋的壮举，更是创造了中国航海史上的辉煌。

明成祖朱棣不是商人，郑和也不是商人，所以说朱棣派遣郑和下西洋的真正目的并不是获取更多的钱财，更多的是向海外各国炫耀"天朝王国"的富裕和强大。虽然郑和曾七下西洋，但是却未给朝廷带来财富，反而巨大的航海费用给朝廷带来财政负担。当时反对郑和下西洋的朝臣不断上奏朱棣，最终朱棣宣布暂停下西洋活动，伟大的航海事业就这样陷入了深谷。

到 1425 年，明仁宗朱高炽上台后更是命令下西洋的宝船皆停止。这个命令是中国海洋史上的分水岭，标志着大明王朝将元代之前所有王朝的海上辉煌终结，中华民族的海洋事业和海洋文化开始衰弱，产生了严重的负面影响。虽然在 1430 年，明成祖的孙子明宣宗开启了郑和的第七次下西洋，但是这次并没有带来更多实质性的效果，成为向大海告别的仪式。巨大的宝船返回到太平港之后，再也没有起航，在风雨中成为一堆腐木锈铁。

后来明宣宗实行了更为严厉的禁海政策，曾下令道："私通外夷，已有禁例。近岁官员军民不知遵守，往往私造海船，假朝廷干办之名，擅自下番，扰害外夷，或引诱为寇。比者已有擒获，各置重罪。"明宣宗甚至连出海的渔民也不放过，他认为倭寇的侵略和抢夺都是因为渔民引导的。他对外来的贡使实行了严格的政策控制，贡使可以往来，但是要 3—5 年才能到此一次，其余时间禁止往来。严厉的政策导致曾经繁荣的海上贸易一下凋零不再，中国的海上贸易受到了严重的阻碍。

长期的海禁政策使中国的航海事业从顶峰跌落至谷底，曾经繁荣的海上贸易不再存在，一直沉沦了好几百年。在政府严厉实行海禁政策的情况下，官方的商道已经行不通了，所以出现了海上武装走私贸易，这些海上武装势力和朝廷发生了激烈的碰撞，朝廷把这些私自下海经商的人称为"盗""寇"，把这些原本不想与朝廷对抗的海商推向了对立面，造成沿海地区长时间的动乱。沿海的诸多民众世代依海为生，实行严厉的海洋政策就等于是置他们于死地，所以民众加入这些海上组织，奋起反抗，公然和朝廷官军作对，导致朝廷分散大批力量来治理，让外来殖民者有机可乘，使中国陷入水深火热之中。

明朝时不仅实行海禁政策，为了不让民众下海经商，为了清除倭寇的侵扰，大明政府还实施"内迁"政策，将数以万计的沿海民众迁徙到内地。朝廷将这些靠海为生的民众迁到内陆，让他们经营耕种，完全放弃对海洋的开发和利用。这种"弃商归农"的做法，给中国的航海事业造成了巨大的冲击，是中国航海史上的悲剧。

海上贸易的历史沧桑

我国的海洋文明史跌宕起伏，并不是一成不变的，历史上的中国海洋有过辉煌，也有过遗憾和创伤，中华民族最大的辉煌在海上，最沉痛的记忆也在海上。明代时期，我国的航海已经发展到了巅峰，但同时又坠入深深的谷底，我国在海洋的成功失败，成为我国历史上最为沉痛的记忆。

当年郑和七下西洋，这时正是我国航海的鼎盛时期，郑和作为世界大航海的先驱者，可以说是一个伟大的传奇英雄。郑和的探索精神和创新精神被后人歌颂至今，郑和也因此被永远地载入了史册。这样一支伟大的船队突然消失在海面上，不免让人感到心寒，拥有如此规模的船队，还未进行海上贸易，就被本国的政策击沉。

我国封建的统治思想，闭关锁国政策使统治者无心走向海洋。朱棣派遣郑和下西洋可以说是将我国的海洋事业推向了巅峰，但是他呈现的只是皇上本身的意志，主要是为了炫耀皇威，为了炫耀本国的实力。郑和是下西洋的最为重要的人物，他的贡献毋庸置疑，但是他并没有继续发展航海事业，郑和的船队也只能荒置在港湾，再无当初航行海上的威风。梁启超在《祖国大航海家郑和传》中，肯定了朱棣的雄才大略，也肯定了郑和的贡献，同时也指出："我国之驰域外观者，其希望之性质安在，则雄主之野心，欲博怀柔远人、万国来同等虚誉，聊以自娱耳，故其所成就者，亦适应于此希望而止。"

15世纪是海洋发展极为重要的关键时期，也是众多国家走向世界的时期，可是这个时期的中国却在和历史背道而驰，逆潮流而上，所以行走在许多国家之后。"重农抑商"的封建制度和海禁政策使我国彻底和外界失去了联系。禁海令扼杀了我国古老的航海传统和自秦汉时代创立的航海优势，葬送了中国的航海事业，自郑和之后再也没有第二个郑和。

后来明朝大臣刘大夏还一把火烧掉了郑和下西洋的所有航海资料，他认为郑和下西洋耗资巨大，死伤无数，就算带回来奇珍异宝又有何用？郑和下西洋在当时就好像是一种罪过，一种毫无好处的行为，刘大夏试图用这种烧毁资料的方式来彻底杜绝历史各代沉淀的航海精神和海航文明，将国民永远圈在一个以农耕生产为主的封建社会中，并且要时代沿袭这种制度，不可改变。

郑和的航海资料被销毁可以说是中国海洋史上的分水岭，中国的海洋活动就此沉沦就此失去了放眼世界的机会，失去了追逐潮流的良好契机，错过了本可以创造海洋辉煌历史的机遇。假设郑和继续发展海洋经济，积极进行海上贸易，那么中国的航海史定将改变，中国将会成为当时海上最为强大的国家之一。但是历史拒绝假设，还是要接受现实。从那以后，中国开始沦为一个任凭帝国主义宰割的殖民地国家，开启了中国一段较为黑暗的历史时期。

明朝时期其实是一个物产丰富、商品横流的时期，发展贸易必定会从中获取大量的利润，按照当时的市场需要，也会形成一个完整的市场流动体系。当时中国的生丝、棉布、铁锅、瓷器、针线、药材等，深受日本人喜欢，这些也都成为日本需求的大宗商品，生丝的利润更是高达10倍左右。海禁政策越是严厉，海上贸易的利润也就越大，明朝政府逆潮流发展的方向行驶，必然会滋生出更多的矛盾。货物流通不行，官方渠道行不通就会导致贸易转向地下，走私就此兴盛，这是必然结果。

浩浩荡荡的郑和船队

我国物产丰富、产品众多，享有"黄金国"的美誉。巨大的商业利益吸引着西方葡萄牙、东方的日本以及东南亚各国，这些商人想方设法挤进中国市场。由于海防的不严，导致外来的倭寇和海盗等趁机侵入我国沿海地区，有些混入商船队伍，形成了众多武装力量。日本政府觊觎我国的物资和钱财，所以他们根本不理会日本的倭寇，反而还联合那些海盗，采用两面的手法伺机掠夺物资。他们的船队遇到明朝军队就会说是前来朝贡，如果遇不到官方政府，那就直接抢夺。

那时海上的贸易主要就是走私和掠夺的形式，走私和掠夺两者往往是同时存在的，商人有时也充当着海盗，亦商亦盗的身份是当时海商主要的特征之一。海商本身不能通过正常的渠道来进行海上贸易活动，所以必须通过走私的方式来进行，但是这种方式朝廷是不允许的，官和商之间自然会发生斗争。那时的海商也不再称之为商，被朝廷称之为盗，其实海盗和海商本是两个不同的身份，但是由于当时的环境，两种身份竟然融为了一体，成为中国海航史上一个特有的时期。

海商凭借着海洋的连通性把商品带向了世界，同时将更多的中国文化带到了异国他乡，这对于世界文化的融合和世界经济的发展都起到了重要的作用。航海贸易的发展直接影响到一个国家经济的发展，世界各国也都在遵循着这样的原则，大力发展海洋经济，顺应时代潮流，必然会走在世界的前列。世界众多的航海史也都证明了海洋经济的巨大好处，中国的历史同样说明了"海洋兴，则国兴"的特点。过去我们在海洋中失去了很多，现今应该及时认识到海洋的好处，我们面临海洋的挑战仍十分巨大，所以一定要破釜沉舟，重新创造海上辉煌。

中西方的"海盗"

"海盗"是一个十分古老的职业，这种特殊的职业自从有航行的船只以来就存在了，在世界海洋史上扮演着复杂而重要的角色。一说起海盗，就会让人想起骷髅海盗旗，锋利的海盗弯刀，以及独眼海盗形象等，他们凶残至极，无恶不作，令人胆寒。他们劫掠船只，杀死船员，抢走货物，变卖后获取高额的利润。他们扰乱了海洋上正常船只的航行，给正常的航海贸易带来了严重的影响。为了维护海上的正常秩序，很多国家都严厉打击海盗，保护本国过往的船只。其实，世界航海史上的海盗古今中外各不相同，他们的行为表现也不一样，历史作用也是大相径庭，海盗也不完全是一个十恶不赦的职业，有些地方还是值得肯定的。

从海上贸易存在的那天起，就出现了海盗这门职业，只要有财富的地方，就有海盗的足迹。古代西方的海盗主要包括地中海海盗、北欧海盗和加勒比海盗，他们只看重利益，为了钱财杀人越货，手段极其残忍，可谓是罪孽深重。然而，人类走向海洋，推动海洋文明的整体进程，当然少不了那些伟大的航海探险家们。

15世纪，欧洲资本主义逐渐发展，航海事业开始兴起，由葡萄牙和西班牙等欧洲国家进行的航海探险活动开始受到各个国家的青睐。在这个特定的时期，出现了一大批航海探险家，这些探险家的探险行为，正好被统治者看好并加以利用。国王和航海家为了各自的利益，开始结合到一起，航海家凭借着他们的勇敢和智慧，为了探险的欲望和无尽的荣誉行驶在茫茫的大海上；统治者正好满足了航海探险家的这一点，愿意出钱出力，为航海探险提供物质基础，因为他们知道，这样能获取更大的利益。航海探险家为了更多的利益，为了满足统治者，开始走上殖民扩张的道路，他们杀害那些试图抵抗的人，探险家的行径更像是"海盗"。很多欧洲国家不仅雇佣海盗，而且还充当海盗的角色，为了殖民扩张，为了获取更大的利益，他们开始走上海盗之路。海洋发展史上，开拓和掠夺俱进，探险家和海盗同在，他们在血肉上建立了属于自己的天堂，当然他们的行为对于人类的进步还是具有推动作用的。

海洋文明的发展过程，伴随着一系列的海洋斗争，通过这些可怕的战争才让人类走到了今天。西方的航海探险家，他们殖民扩张，掠夺土地，贩卖奴隶，在这其中犯下累累罪行，但同时他们带领人类认识了世界，开阔了视野，发展了海洋贸易，推动了世界经济的发展，对于建立现代化文明有着不可忽视的功劳。

海盗可以说是一个复杂的群体，西方的海洋文明和海盗文化有着十分重要的联系。海盗文化中往往淡化、掩盖了海盗血腥和残暴的一

加勒比海盗影视形象

面，而被更多的人认可，甚至赞美。英国杰出的文学家拜伦在《海盗生涯》中就极力肯定海盗，赞美海盗的精神，受到人们的认可。现在，很多的国家还设有"海盗节"，每年都举行海盗狂欢活动，节日中人们身着海盗服，手举海盗旗，受到人们的欢迎；还有一些国家复制古老的海盗船，四处巡演，展示海盗的古老风采；海盗的很多特有标志也被制成各种首饰，海盗戒指、海盗项链深受年轻人的喜欢。人们对海盗的赞美和对海盗文化的认可并不是对海盗凶残行径的忽视，而是对海盗精神记忆对世界发展做出的客观肯定，凡事还是要客观对待，不能只看到海盗的暴戾，而忽视海盗所作出的贡献。

我国的"海盗"主要反映的是劳苦大众反对封建王朝统治的武装斗争行为。古代很多的农民起义就是在和封建统治者做抗争，他们反抗封建社会中的种种不合理规定，打击封建势力，有很强的积极意义。

我国很多生活在沿海的居民，他们靠海生存，在海边捕鱼，进行海上贸易活动，朝廷的海禁政策让他们无法生存，所以组织起很多武装势力与朝廷抗争，被朝廷贬称为"海盗""海寇""匪徒""倭寇"。很多被迫下海为"盗贼"的人被认为是扰乱沿海地区的罪魁祸首，被认为是毒害国家的恶魔。朝廷的渲染，人们以讹传讹，久而久之就形成了一种民族意识，认为"海盗"就是祸国殃民的千古罪人。这些评价对海盗来说是极不公平的，很多都是封建王朝故意炮制的历史曲解，是为维护国家安全编造的历史谎言，所以对于我国海盗的评价，还是要客观看待，不能一概而论。

我国的"海盗"其实和封建社会的农民起义还是有很大区别的。农民起义主要是想推翻封建王朝，推举出一个更好的统治者，他们希望过上更好的生活。但是历史上大部分的农民起义都是以失败告终，封建制度根深蒂固，很难改变。我国的"海盗"其实很多都是商人，他们更多的是注重自身的利益，当然为了谋求更多的利益，他们希望封建统治者实施改革，实现对外开放，发展海洋贸易。他们的政治目标要比农民起义进步很多，他们顺应了时代的潮流，可是他们对封建王朝的寄托也无法实现，封建王朝的体肤中无法接受这些新鲜的"血液"。这些海盗最终的结果无非是被收买，或者被封建王朝扼杀，留下一段悲怆的历史。

恩格斯曾说过："航海事业根本与封建制度格格不入。"所以我国的很多"强盗"还是被封建王朝禁锢，无法使出更多的力量，封建王朝也为此付出了代价。中国的海洋之门被关闭，导致中国历史上出现很长时间的黑暗时期。

Part 2

王直：是海商抑或海盗

被称为"净海王"的徽商王直是明朝时期著名的海盗，其鼎盛之时拥有数万人，船只千余艘，长期盘踞海上，走私掠夺，称霸海上。明朝的海禁政策让这些原本不想为盗的人最终走上了"海盗"的道路。但是王直可能与其他明朝时期的海盗有所不同，他一生都想让明朝政府改革，能够发展海上贸易，最终被朝廷诱降处死，终未实现伟大的愿望。

徽商王直

在我国古代商业资本日益膨胀的趋势中，逐渐形成了一些具有地方特色的商人集团，其中地域最广、影响最大的主要有徽州的"徽商"、山西和陕西的"西商"及浙江的"浙商"。其中的徽商当数影响力最大的地方商人集团之一。

说徽商是安徽商人是不完全准确的，徽商的"徽"在这里并不是指安徽，而指的是"徽州"，现今改名为黄山市，徽州成为市内的一个区级单位。徽州是历史地理名称，在古代由歙县（含现徽州区及黄山区汤口镇）、黟县、休宁（含现屯溪区）、祁门及婺源（现属江西上饶）、绩溪（现属安徽宣城）六个县组成，称之为新安，所以徽商还被称为"新安商人"。现在的安徽省简称是皖，而不是徽，所以安徽的商人理论上应该叫"皖商"，而不是"徽商"。

徽商萌生于东晋时期，在唐宋时期逐渐发展起来，盛行于明朝，最后衰落于清末。徽商所在的徽州属于边缘地带，山高林密，物产丰富。很多人逐渐迁移至此，繁衍生息。但由于人多耕地少，加上山地不好开垦，所以众多民众开始经营工商业，外出发展。徽州的商品繁多，粮食、棉丝、油漆、造纸、木器、茶叶、文具等都非常有名，深受人们喜欢。徽商到达的地方，必定商业发达，市镇繁荣，所以在当时素有"无徽不成镇""徽商遍天下"之说。徽州人经商已经蔚然成风，成年的男子大部分都会外出经商。徽商所遍及的地区也十分广泛，向东到达了淮南一带，向西到了贵州、甘肃、云南，向北到达了辽东，南至福建、广东等地。另外，徽商还远洋海外，到达了现在的日本、泰国、东南亚各国以及欧洲的一些国家。

到了明朝时期，徽商发展到了极致，这段时期也被称为徽商发展史上的"黄金时代"。这段时期的徽商无论是从活动范围上，还是经商的人数上都位居全国各地商人集团的首位，名扬国内。另外，徽商所经营的行业也是十分多，经营方式多样，只要能赚钱，徽商几乎无业不从。大致包括长途贩运、设立商铺或者两者兼顾等形式。徽商所到之处，确实是市巷繁华，商贾众多，一派繁荣的景象。

徽商

到了清朝时期，出口的商品中徽商的茶业位居第一。扬州从事贩盐的徽商更是拥有雄厚的资本，达到了几千万两的银子，而当时的清朝国库中也不过7000万两银子左右。徽商拥有无数的商铺，从中获取巨大的利润。徽商获利之后并没有忘了家乡，很多徽商积极投入到家乡的建设当中，为社会兴办公共设施，投资于慈善事业。

19世纪初期黄河、淮河发大水，扬州的徽商当时捐了6万石的大米和上百万两的银子，可见徽商实力之雄厚。

徽商之所以能够盛行于中国，这和其文化素养是分不开的。明代的徽州，是一个以商代耕的时期，当时这里文风昌盛。社会上注重儒学知识的培养，有"贾而好儒"的文化精神，他们把儒学和商贾之事交融到一起，以儒身经商。用儒家的文化来指导经商，他们在商业中善于审时度势，精干会算，同时还拥有很强的决策能力，懂得如何取舍。在当时的封建社会中，他们打破封建枷锁的束缚，摆脱抑商重农的观点，驰骋商海，称霸商界。

徽商不仅懂得用儒道来经商，另外徽商还勤俭爱学，善于从经商过程中发现问题，总结经验。徽商一般是从小本起家，在发展壮大之前都过着艰苦的生活，所以到后来他们做大以后，仍然保持着艰苦朴素的精神。为商忌骄躁，这使他们能保持本性，不忘本心，也使得徽商能够在商海中立于不败之地。

徽商还讲究商业道德，提倡"以人为本，以信接物，义利兼顾"。他们在经商过程中，恪守货真价实的理念，不去欺骗购买者，这使他们受到人们的欢迎。徽商能够立足，当然和自身真诚的经商之道有关，这就使得徽商能够长期地发展下去。徽商在生意场上处处受益，发展成最大的商人集团。

另外，徽商还具有爱国精神。明后期的徽商积极参加抵抗倭寇的战争，为了抗击外来的敌人，他们捐款捐物，无不体现出他们的爱国精神。徽商知道祖国如果受外敌侵犯，就不会安定统一，就不会有个人事业的发展，正所谓"国家兴亡，匹夫有责"，这是我国历史上商人的爱国主义传统。徽商当然秉承着这种爱国精神，他们为国家抵御外敌作出了不小的贡献。

在徽商发展的百年历史过程中，代表人物众多，其中明朝的王直就是徽商的典型人物。王直是明朝徽州府歙县人，又名五峰，曾被称五峰船主，是明代海上贸易商人，也是我国历史上一位著名的海盗。王直出生的地方正是人多地少的徽州歙县，这里虽然物产丰富，但是人均占地很少，所以很多人不得不外出经商。王直早年按照徽商的习俗经商服贾，成为徽商的典型代表人物。

当时很多的徽商已经不满足于在本土陆地经商，开始涉水远洋，进行海上贸易，王直就是其中的一个。王直为人仗义，青年时期结交了很多朋友，在陆地四处经商的过程中，得知海外的日本和东南亚各国急需中国的商品，就这样他开始决心下海，走向海上经商之路。

身为徽商的王直，海上贸易做得风生水起，但是他后来的命运却十分悲惨，为商为盗，使他被列入海盗的行列，但不管王直究竟有何功过，身为徽商的成功是不容置疑的。

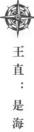

明朝的海禁政策

15世纪新航路被发现，揭开了海洋时代的序幕。到了16世纪，海洋贸易已经开始走向国际，世界的经济格局发生了翻天覆地的变化。欧洲的航海活动广泛进行，海上经商贸易往来频繁。我国东南沿海城市也在积极投入到海洋事业的发展中，一群拥有海洋精神的人开始积极发展海上贸易。但当时正值大明王朝当政的时期，大明王朝出于种种考虑，实行了"海禁政策"。

海商

Maritime Commerce

海禁政策被称为是一种锁国政策。明朝建立之初，曾经势力强大的张士诚、方国珍遁入海岛，对大明王朝统治威胁依然存在。当时在泉州一带的外国商人甚至协助张士诚、方国珍等人争夺天下，大明王朝对其产生恐惧。另外实行海禁政策的另一个原因就是倭寇猖獗。明朝时期，很多的日本浪人经常在中国沿海一带活动，他们成帮结伙，从事海盗活动，对明朝沿海地区造成威胁。有关倭寇的记载，在很早就已有记述了，明代的谢肇淛在《五杂俎》中记载道："元之盛时，外夷外贡者，至千余国，可谓穷极天地，罔不宾服，惟有日本，倔强不臣。阿拉罕以师十万从征，得还者仅三人。"到了明初，日本仍是"不服王化，冥顽如初"，明朝派使臣赵秩往谕其君，但令人没想到的是日本天皇竟然对赵秩戏言相向，并且杀害了他。可见日本的倭寇是多么猖狂，他们不顾其他沿海人民的安危，只顾自己的利益。

另外，当时中国的海外贸易大致分为两种形式：一种是由王朝政府经营的朝贡贸易，一种是民间个人的私营贸易。朝贡贸易是指海外的一些国家派遣使者到中国面见明朝皇帝，然后进贡诸多礼品，朝廷以官方方式进行接待，并且根据"薄来厚往"的原则，回赠给进贡国家赏赐。赏赐的物品当然要比进贡的物品价值贵重，这也体现了"薄来厚往"中"厚"的原则。两个国家礼尚往来，互敬互赠，用这种方式来进行物品的交换。这种朝贡贸易朝廷能经营得很好，朝廷本身会制定一套完整的制度，并且还设有相关的部门。一切都由政府操办，带有很强的政治属性，并不是正常的贸易形态。民间的私营贸易并没有得到很好的发展，统治者一直以来就抑商，不重视商业的发展，所以民间的商业经营长期受到朝廷的压制，导致民间商业活动没有一个良好的环境，也导致民间海上私营贸易严重受阻。

明代朱元璋时下令"片板不得入海"，明朝建立之初就被海禁政策禁锢，阻止国人和海外进行交往。海禁的目的就是想要消灭反派势力，保持社会的稳定发展。但海禁的政策似乎并没有带来国家的长治久安，反而使得海盗和走私商人活动更加猖獗。不过，明朝的海禁政策从时间上来看，还是有张有弛的，真正的海禁只存在明初时期和嘉靖年间。

农民起义领袖张士诚

大明政府实行海禁政策，还做出了一些具体的规定。《大明律》中详细规定不论普通民众还是豪门家族，只要私自造三桅以上的大船，带着违禁物品下海进行贸易的，或者前往他国进行买卖的，都与卖国同罪；对于那些残害良民的人，按照大明法律将斩首示众，并且全家将发配到边疆充军；对于那些打造海船卖给夷人以图利益的，按照法律也应当斩。大明政府甚至连买卖商品的外国人都不放过，对于这些人给予重罚，并将这些商品限规定之日内销毁。

这些政策的实施原本以为会消除沿海祸患，杜绝战乱的发生，但是却有些适得其反。这些政策的直接对象是大明的民众，而不是海上的反动势力，它不仅没有消除海防祸患，还给沿海居民带来了很多问题，导致沿海地区矛盾激化。沿海人民依海居住，以海为生，他们在海上进行捕鱼，有些进行海上贸易，明太祖颁布的"严交通外藩之禁"，阻断了沿海人民正常谋生的出路。沿海人们无法生存，必然导致他们奋起反抗，甚至很多穷人没有出路，加入周边的海盗势力，反而对沿海地区造成了威胁。

海禁使对外贸易不能正常进行，所以就出现了一大批以走私为主的海上贸易团体。他们组建人员，制造船只，在海上横行霸道，这就是大明时期海上的海盗组织。嘉靖年间，最大的武装走私集团海盗头目王直，当时拥众数万，被称为"靖海王"，后被称"徽王"。这些走私集团为了抵御大明王朝的打击，往往联合起来，共同对抗大明官军。这世间的倭寇更是尤为猖獗，从而造成嘉靖年间持续几十年的"倭寇之乱"。大明王朝为清除这些反动势力，为了维护沿海地区的和平，耗费了大量的兵力。其实这些都是海禁政策带来的必然结果。

到了隆庆年间，隆庆皇帝宣布解除海禁，调整海外贸易政策，允许民间私人进行海上贸易，史称"隆庆开关"。政策的开放使得民间海外贸易合法化，东南沿海的民间海外贸易步入了一个新时期。虽然当时开放港口有限，但是这使很多的走私贸易回归正常，摆脱了违法境地。

对于明朝的海禁政策要一分为二地看。朝廷的根本目的也是出于国家的海防安全，海禁政策从这点来说，也起到了一定的效果。但海禁政策的实施，致使海上武装势力的建立，这给沿海人民带来了灾难。同时中国海上势力的日益衰弱，也导致西方殖民者的乘虚而入，使中国陷入一段黑暗的时期。

海/商

Maritime Commerce

扫清道路

王直刚开始下海经商的时候，船只和人员不是很多，但船队也有了一定的规模。在火枪传入日本的事件中，据说王直还是其中的主要人物。当时浙江舟山的双屿岛成为繁华的贸易中心，王直后来一度盘踞于此，进行海上走私活动。

王直在开始下海经商的时候无意间发现走私军火是个不错的选择，能为自己带来暴利，也正是从那时开始，王直才开始和日本结下了不解之缘。贸易中心双屿岛成为世界走私贸易的重要地点，大明政府当然不会容忍猖獗的走私行为，所以决定捣毁双屿岛，清剿双屿岛上的海寇，这反而为王直成为"海盗王"扫清了道路……

1543年，此时的王直已经下海经商有几个年头了，也积累了一定的家底。在这一年，他除了做一些硝黄、丝绵走私贸易外，他还做了一单特殊的生意，并且在日本历史上浓重的一笔，具有十分重大的意义。根据日本学者南浦文字在《铁炮记》中的记载：这年的八月份左右，几名葡萄牙商人在"大明儒生五峰"的带领下来到了日本。葡萄牙商人此行带来了火枪，他们称之为"铁炮"。葡萄牙商人给日本人亲自示范了铁炮，日本人见其威力不小，杀伤力很大，所以就购买了一些，这就是日本著名"铁炮传入"事件。而这位带领葡萄牙人到日本的中国"大明儒生五峰"，据说就是王直。

此时，中国和日本的正常贸易已经中断，一切商品的流通只能被迫依靠走私来完成。当时官方对走私的控制力不足，这就导致很多商人在海上动用船只来进行走私贸易。当时的海上力量错综复杂，各种势力混在一起，虽然可以通过海上航道获取巨大的利润，但是海上的走私贸易也承担着很大的风险，所以中日的贸易利润自然也就水涨船高。王直那时贩卖的还是军火，自然可以赚到更多的钱。

筹海图编

王直的船队终究势力小，还是需要一个靠山，在 1545 年左右，王直率领千余人加入了许氏海上武装集团。许氏兄弟中的许栋和王直是老乡，所以王直带领这么多人投奔许氏集团自然会受到欢迎。

根据《筹海图编》中的相关记载，许氏兄弟一共有四人，许栋排行老二。嘉靖年间的时候，那时也正是王直到广东进行走私贸易那年，许栋带领人员来到了双屿岛，并长期盘踞于此。而根据后来同时期官员的记录，这一年，许栋兄弟将葡萄牙商人带到了双屿港，他们为葡萄牙充当中介，并从中获取利润。

双屿岛是当年郑和下西洋的重要补给站之一，"乃海洋天险"，"为倭夷贡寇必由之路"。明初这里就被当作"国家驱遣弃地"，居民被强行内迁，杳无人烟，正好成为走私天堂。许栋在此招募众人，建立了一个人口众多、各种设施齐全的贸易中心。许栋以此为基地，开始向外进行武装走私贸易，获得无数的钱财，人员也一天天增多，成为当时海上最为强大的武装集团之一。日本的史学家甚至称双屿岛是"十六世纪的上海"。

根据相关史料分析，王直和许栋应该很早就有生意上的往来，王直和许栋都是徽州人，甚至王直有时在外经商时常称是许栋的手下。王直在加入许栋集团之后，由原来的库管成为管哨，进入了许氏集团的核心圈。

双屿岛这一"世贸中心"的红火，引起了朝廷的注意。嘉靖二十五年，即 1546 年，也就是王直入伙双屿岛的第二年，明朝著名抗倭将领朱纨出任浙江巡抚。当时《筹海图编》中这样记述道："土著之民，公然放船出海，名为接济，内外合为一家。有力者自出资，无力者辗转称贷，有谋者诓领官银，无谋者质当人口；有势者扬旗出入，无势者投托假借。双桅、三桅车樯往来。愚下之民，一叶之艇，送一瓜，运一樽，率得厚利，驯致三尺童子亦视双屿为之衣食父母。"朱纨深为感慨："此贼、此夷，目中岂复知有官府耶！"

朱纨为官严正，处理事情认真负责。他认为既然朝廷提出了海禁政策，就必须要认真执行。朱纨提出不清剿这些船只，海路就不会通畅，这些事情应该严厉对待，不然大明的海防就得不到保障。于是朱纨开始搜捕那些下海私通外洋的民众，整顿海防，严禁商民下海，并准备对那些不服从管理的船只采取军事行动，一心想除掉走私天堂双屿岛。

果然，在嘉靖二十七年，即1548年，朱纨采取了行动。他率领几百艘船只对双屿岛发起进攻，许栋集团不敌朱纨官军，许栋被杀，其余人大败而逃。次年，朱纨又抓获了双屿岛上的一个头目李光头，朱纨当即处决了李光头等人。

朱纨对待海寇十分冷血无情，从处死李光头事件中就能看出，朱纨对海寇痛恨之深。朱纨的铁手腕和一系列措施给沿海一些大商户造成了巨大的损失，令他们无法容忍这个严厉的官员。这些豪绅联合朝中的闽浙籍官员，以擅自杀害民众为由，对朱纨发起弹劾。在巨大的压力下，朝廷不得不革去朱纨的官职，不久之后朱纨便自杀身亡。

许栋被杀后，许氏残党开始追随王直，王直凭借着出色的领导能力，成为了整个集团新的领袖。许栋被灭反而为王直的崛起扫清了道路，王直后来的势力要远远大于许氏集团的势力。大明政府后来痛苦地发现，一个更为强大的对手正在悄然逼近。

亦商亦盗

随着航海技术的日臻成熟，航海的航线也像陆地公路一般四通八达，航海贸易发展迅速，这使人类的文明向前跨越了一大步。但凡是有航海贸易的地方，就一定会有商品的交换，而这其中一定存在经济利益的冲突。每一艘在海上航行的船只，都装载着巨额的商品，必须要有武装力量的保护。西方很多国家为了争夺海上贸易航路和扩大殖民地，凡是有商业船队的地方，就一定会有一支强大的舰队在该海域进行保护。为了保护航船上的商品正常到达贸易地区，很多武装船队常常跟随商船一同出发，时刻保护商船。

我国和这些西方国家相比就有很多的不同了，明朝是以陆军为主的封建帝国，但在海上活动方面，不如这些西方国家。尽管朝廷可能拥有建立这些商船和船舰的财力基础，但它并不进行海洋贸易，也没有正式的海军。封建王朝建立的水师不同于海军，它主要的作用是对付防抵朝廷海禁政策的海商和海民。而海军是专门从事海上作战的军事组织，它包括海上船只、人员和海军机构。

明朝政府实行海禁政策，受害的直接对象就是沿海的居民，首当其冲的就是渔民和海商。海禁政策的实施，把这些沿海民众推向了反抗朝廷的一面。他们世代以海为生，一下断绝了他们的生路，他们除了奋起斗争之外，别无选择。"海禁一行，民众无食，则必定走向掠夺之路"。海商也是如此，正常的贸易方式已经行不通了，必然导致他们转向地下，但是这种地下的走私方式又不会得到认可，朝廷出兵镇压，民众必然奋起反抗。

很多民众走投无路，加入到走私活动中。海商一方面要抵御朝廷的追剿，另一方面还要防止其他海上势力的围攻和国外势力的抢劫。这样一来，海上的势力便纷纷开始武装自己，壮大自己的队伍，甚至出现了要挟官府等行为。海上的武装力量在海上横行霸道，肆意妄为地进行海上走私贸易。所以，在当时形成了十分复杂的海上社会现象。

明朝初期，沿海地区已经有倭寇的侵袭。到了后来的嘉靖年间，虽然海禁政策仍在实施，但是倭寇仍然常骚扰沿海地区。

海商刚开始在海上贸易时并未和朝廷发生冲突。起初，大多数商人都是小本经营的商人，人员不多，各自经商，所用船只也不大。后来随着商人的增多，商品的不断流通使商家间的争夺越发激烈，海上较小的商船自然被大商船取代，谁的实力强，谁便可以在海上横行霸道。适者生存的规律在海上激烈地演绎着。慢慢地，形成了几十艘，甚至上百艘的船队规模，这期间的海上势力众多，他们各自掌控着自

商船

己的地盘，从中牟取利益。

在这段时间，众多船队在海上因为利益开战。很多小船遇到大的船只，当然要留下买路钱，不然可能就会遭遇沉入海底的命运。很多海上的船队开始不断扩大自己的规模，船只多了，人员多了，自然就不会受到欺凌了。很多海上船队不仅雇佣本地人，还招募一些外来贫困的日本浪人，充当他们的水手和舵手。一些富裕的日本商人，为了更好进行贸易，甚至出资入股，加入到中国海商的船队。随着海商船队规模的不断壮大，他们有了足够的资本进行海上贸易，他们开始在海上进行走私贸易活动。他们时而为商，时而为盗，亦商亦盗是那段时期海商最大的特点。有时为了抢夺财物，为了获取更多的利润，他们当然也会采取十分卑劣的手段，杀人越货，肆意抢夺。

商和盗原本是两个不相干的行业，但在那段时期里，商人和海盗竟然如出一辙。实力强大的他们，开始胡作非为，只要能获取利益，他们根本不会顾忌采用何种手段。海商开始逐渐转向海盗的行列，不知不觉中被扣上了"海盗"的帽子。

中国海商在海上的活动主要还是以经商为主，劫财为辅，因为商业的利益是远远大于抢劫所得的利益的。另外，劫掠是有危险的，双方人员必定会发生冲突，死伤在所难免，很多海商还是不愿意牺牲自己的人员，宁可进行走私贸易，也不去掠夺争斗。王直虽被称为海盗，但是在很多方面还是值得学习的。王直曾明文规定制止抢劫活动，他规定对于那些私自上岸的人，应该当众刺穿双耳，如果再犯，马上处死。可见王直对于私自抢劫处罚之重。

中国的"海盗"可以说是中国商业的武装力量，他们经营海上贸易符合当时经济发展的潮流，同时也刺激了当地经济的发展。所以，在当时有一部分海盗还是得到了民众的支持的。王直的海商集团顺应海洋潮流，发展海洋贸易，从中获利而发展壮大。王直只是明朝众多海商中的一个，当然他作为其中的代表人物是当之无愧的。王直认为只有开通海商贸易，才能使得国家发展壮大。王直一生亦商亦盗，到临死的时候都还认为自己并没有罪过，他一直希望朝廷能够开放海市，但没想到自己被诱杀。

王直的一生，应该是有功有过的一生，亦商亦盗也并非他能控制的，到最后落了个"著名海盗"的称谓，也有些可笑。

正视王直

王直生于徽州，从小就受到徽州商业氛围的影响。王直年轻的时候还做过盐商，他感觉到为商可以获得巨利，便萌生了离家经商的想法。谁能想到王直后来能统领众人横行海上，成为当时海上最大的武装集团之一。王直的一生，充满波折，但徽商出身的他，一直都希望朝廷能够变革，互通蕃市，发展海上贸易。

据说王直出生的时候，其母见天现异象，明代万历年间《歙县县志》记载，其母梦见天上有星星陨落于怀中，后来不久，天降大雪，草木结冰。王直后来听闻母亲讲起此事后感叹道："天星入怀，非凡胎也；草木冰者，兵象也。"

1540 年，王直随同徐惟学和叶宗满等人来到了广东。在这里，他们造船经商，在海上做起了买卖。王直带着丝绵、硝黄等违禁品来到了日本、暹罗和一些西洋国家，和他们互通商品，进行贸易往来。但是当时王直的海上势力还不是很强大，想要在海上继续发展，就要壮大自己的队伍，

歙县志

这样才能在竞争激烈的海上贸易中获取一席之地。所以王直便投靠了双屿岛的许氏海商集团。王直聪明勤奋，有着出色的管理能力和丰富的经商经验，得到了许氏兄弟的赏识，不久便升职为"管哨"，并且兼任军事方面的职责。王直从许氏集团的基层逐渐步入领导阶层，后来进入决策层，和许氏等人共同在海上进行走私贸易活动。

1548 年，明朝抗倭名将朱纨奉朝廷之命，清剿海上许氏集团，许氏头目被杀，王直因有谋略，被众人推举为头领。于是王直开始重组海上集团，继续进行海上贸易。后来，王直还打败了浙江海面上的陈思盼集团，这使王直的势力大增。其后他又逐渐吞并了一些小的海上集团，完全控制了浙江沿海一带的贸易主导权，成为东海霸主。历史上有相关记载："王直海上之寇，非受直节制者，不得自存，而直之名始振聋海舶也。"

王直继承了徽商勤学的精神，先后掌握了多种语言，并且深知经商之道，他扩大了海上贸易规模，组织船队扬帆于各国，被人称之为"五峰船长"。王直善于用人，他任用家乡人为头领，分与船只，四处贸易。同时他还招募了一些日本的商人和武士为其所用。

后来，王直还来到了日本，以九州外海属于肥前国的平户岛（属今长崎县）及日本萨摩国的松浦津为基地，从事海上贸易。到现在，日本还存留着王直老宅的遗址。遗址旁边的小路，还被命名为"王直路"。也正是王直将葡萄牙的商船带到了日本，日本才开始正式和欧洲进行贸易。

王直一直以来都坚持要朝廷变革，当然王直并不是要推翻封建政权，他只是希望朝廷能够废除海禁政策，大力发展海上的贸易。当时杀掉陈思盼也是朝廷对王直的要求，王直照做了。他真诚地希望朝廷可以开放海上贸易，这也可以让他做一个合法的商人。王直提出的最大诉求就是能够在朝廷中做一个发展海洋贸易的官吏。

所以在当时也有一些官员认为王直不是海寇，而是恭顺从命的良商。当王直杀掉陈思盼的时候，朝廷也默许他私通外市。当然，朝廷招抚王直就有想利用王直除掉倭寇的想法。

王直的一生都在坚持和敦促朝廷能够变革，互通蕃市一直是他的梦想。但是朝廷怎能容忍这样强大的势力在海上横行霸道，大明政府也多次围剿王直，但双方也都是各有输赢，王直集团一直也没有被完全控制。

1555年，明朝政府发现动用武力已经解决不了王直集团了，所以改用其他手段对王直进行诱捕。朝廷派出了蒋洲和陈可愿两名官员去日本会见王直。当问王直为何从事海寇行为时，王直这样说道："直为国家驱盗非为盗者也。"并且坦诚表示说，并不是他们想作乱，而是朝廷想杀害他，还扣留了他的家属，这才把他逼上了绝路。王直还指出，倭寇之国缺少丝绵，必须互通贸易，才能解决祸患。

1557年，经过无数次的谈判，王直决定接受大明王朝的招抚，愿意归顺大明王朝。王直率领数千余人横渡东海，回到了舟山群岛。在这里前往总督府接受招抚，并且向胡宗宪递交了要求通商的请求书，再次要求明朝政府解除海禁，互通蕃市。

但是王直万万没有想到，他的天真想法遭到的却是朝廷阴险的软禁。根据《筹海图编》记载：这期间王直一直在岑港，在这里王直还在潜心研究海图，为开市贸易积极进行准备。王直一直期盼着朝廷能够早日下发解除海禁的通文，但却迟迟没有朝廷的消息。

1559年，明朝政府下令斩杀王直，王直被捕时高喊道："吾何罪！吾何罪！死吾一人，恐苦两浙百姓。"他死的时候也不明白，互通蕃市有何罪？王直的一生都希望国家能够解除海禁，在这个封建帝国中，揭开了生产力发展冲击社会制度变革的本质，是中国反封建制度最具进步性的政治、经济口号和诉求，成为中国封建社会中孕育的充满生命力的种子。王直的追求已经超越了古代农民的视野，代表了封建社会发展的潮流。

明朝作为一个封建帝国，其性质也决定了不会出现西方国家那样官法许可的海盗，中国海商在封建帝制的压制下，艰难地生存着，被朝廷贬斥为"海盗"。它代表着一种新的生产力，并且有着强大的生命力，其活动时间之长，规模之大，演绎了中国海洋史上的历史奇观。

褒贬不一

一直以来，对王直的评价都存在争议。一个人的一生必然会有好的一面，也有坏的一面，王直的一生就是这样，褒贬不一，有好有坏。

王直入海经商开始，他的想法当然不是抢夺，但是在那样的情况下，海上武装集团只有扩大自己的势力才不至于被其他势力吞并，所以王直可能在此期间做出了很多掠夺杀人之事。后来王直来到日本，为日本人带去了火枪，有人认为王直是日本人的走狗，是一个大汉奸，这样评价王直其实也不能说完全没有道理。王直确实为日本带去了诸多商品，给日本带去了火枪，给日本人带去了财富和武器。所以单从这点来看，王直确实有些可恨之处。

还有人认为王直伙同倭寇，共同掠夺中国沿海居民，获取无数财物。王直可能和倭寇有过接触，但是对王直伙同倭寇的说法还是有些不妥，王直作为一名商人，注重的是利益，他完全可以凭借自己的势力来获取这些财物，完全不需要其他人的帮助，更何况那些外来的夷人呢？

王直对于当时大明王朝来说，虽然未有侵略之意，但是王直武装势力过于强大，在大明王朝的统治者看来，这就是威胁，也是危险，必须要除掉，不除掉王直统治者怎能安心睡眠。

首先，王直拥有强大的船队和大批的手下人员，当时众多的海外游离势力都归于王直所管。即便是王直投靠了大明王朝，仍然会有很多海盗不受大明王朝的管控，所以王直必须要死，海盗们的首领必须要倒下去。另外一点是，假如王直被招安，王直的海上势力就会归大明王朝管辖，而大明王朝当然不会允许再进行走私贸易，那么沿海豪绅的商业利益将会受到严重损失，到时海上的走私贸易将会受到更加严格的控制。所以这些人想尽各种办法，要把王直推向无底的深渊。最后一点就是对于那些通过科举考取功名的人来说，一日为盗，终身为盗，将会受到正统士大夫们的永远排斥和憎恨。

皇帝要杀他，江南豪绅要杀他，文人要杀他，跟他没有关系的人更不会去保他，所以王直非死不可。另外王直的死也算是咎由自取，他杀的人太多了，无论是不是他亲手所杀，他作为海盗的头目，所有的血债都必须由他来背。很多受海盗抢掠的沿海民众对其恨之入骨。

根据明代采九德以亲身经历所著的《倭变事略》中记载可知，王直这伙海盗做出了很多不容饶恕的行为。《倭变事略》记载道："贼深入内地，杀掠甚惨，数百里内，人皆窜亡，困苦极矣；自是遇人即砍杀，死者无算；吾盐被寇者四，死者约三千七百有奇；入姜家，杀伯侄无人，一侄孩提宿床上，杀之，取血清酒饮之；所掠蚕茧，令妇女在寺缫丝，裸形戏辱之状，惨不可言，妇人昼则缫茧，夜则聚而淫之；此党贼留居吾士，凡四旬有三日，杀害数千人，荡民产数万家；二十八日寇省城，犯湖州市，大肆毁掠，东自江口至西兴坝，西自楼下至北新关，一望赭然，杀人无算，城边流血数十里。"可以看出，当时的海寇给沿海人民带来了巨大的苦难，让无数人民陷入海盗和倭寇的侵略之中。

当然，这些记载并不能完全反映出王直个人的好与坏。这些事王直或许参与了，或许没有参与，这些只能证明王直手下的海盗做过其事，但作为海盗的统领，这些过错只能由王直来承担。当时处于封建

明朝朝廷中的官员

王朝统治的时代，富庶者无数，当然更多的是穷人，很多贫困者根本没有立足之地，他们加入海盗组织，求得生存。为了生存他们抢夺霸占，对于反抗的人，也只能用武力来解决。

王直拥有庞大的海盗集团，作为首领，他不能太过仁慈，更不会严格管理海盗，他当然不会把海盗管理得像军队一样，不然他也不会成为海盗首领，这些海盗更不会成为海盗。他是为数不多被历史铭记的海盗，而他手下海盗所造的孽，也只能由他来背。

对于王直的评价还有和《倭变事略》中完全相反的记载，很多史书上当时这样写道："威望大著，人共奔走之，或馈时鲜，或馈酒米，或献子女。"即使在浙江的省城杭州，王直也建立了庞大的海上运营网络，当时有这样的记述："杭城歇客之家，明知海贼，贪其厚利，任其堆货，且为之打点护送"，可见王直的势力之大。就连当时的浙江巡抚胡宗宪都曾感叹道："倭奴拥众而来，动以千万计，非能自至也，由内地奸人接济之也。"可见王直的威望之高，影响力之大。

后来的明朝抗倭大将朱纨在抗击倭寇的过程中也发现："三尺童子，亦视海盗如衣食父母，视军门如世代仇雠。"民众很多都十分拥护海盗，而憎恨朝廷，可能是因为当时的海盗并非全是为非作歹之人，王直也曾救济过沿海的一些民众,所以有些民众对海盗有了不同的看法。

王直一直都有心接受招安的,就像《水浒传》中宋江那样,心中还是想为朝廷效力,所以最终王直选择了招安。但他却和水浒传中众多头领一样,难逃厄运,被朝廷诱降致死。王直的结局也算是悲惨,一心想要朝廷变革,一心想要改变朝廷对海洋的封禁政策,但以他一人的力量,又怎能改变封建帝国根深蒂固的现状呢!

所以对于王直的评价断不可轻易下结论,他身为海盗固然有可恨之处,但他敢于同封建势力作斗争的精神又何尝不值得颂扬呢? 王直有功也好,有过也好,最后还是落得个悲惨的结局。他天真地以为朝廷会开海通市,殊不知自己早已走进圈套,至死王直都在为自己申冤:"吾何罪! 吾何罪! "

地道商人

王直出生在徽州,从小耳濡目染商场情景,对经商的利害关系认识颇深。在未入海之前,王直曾做过盐商,和很多商人一样,遵从经商之道,奉行买卖之义。社会动荡不安,朝廷腐败无能,在这样的环境下,王直只能选择入海谋生。可惜海禁政策一再施行,导致入海从商的王直被扣上"盗匪"的骂名。纵观王直一生,王直从未有过谋反之心,又不曾与外寇勾结,被称为"盗匪",实有不甘。

1540 年左右,王直已经从商有些年头,在家乡从商所获利益已经不能满足他,身为商人,谁又不想赚取更多的利益呢? 就在这一年,在有一定经济基础的条件下,王直选择造船入海,以取丰厚之利。王直和叶宗满等人来到广东,纳集众人,修造巨船,想要借海经商,谋求发展。船舰修建完毕,王直想尽快入海,不料遭到当地官员的阻挠。当时私自入海属于重大罪行,要受到惩罚,严重时要杀头。王直买通官员，行贿送礼，免去了很多烦琐程序，彻底驾驶大船航行于海上。

王直最初曾将本土丝绵、硝黄等违禁之物带到日本、暹罗等西洋国家，然后又把一些西洋之物带到国内。这段期间，王直积攒了丰厚的家底，船只和人员也在不断扩增，成为当时海上颇有名气的商人。

王直虽有一定势力，但羽翼未丰，海上形势错综复杂，随时有被吞并的危险，要想寻求更大的发展，需要更大的势力。于是王直投靠许氏海商集团，王直勤奋好学、素有谋略，而且有丰富的经商经验，所以后来许氏头目被杀后，王直被推选为船主。后又控制了海上众多经商集团，成为海上霸主。

王直虽船大人多，但他一直奉行经商之道，从不以烧杀抢掠为主。身为一名商人，他知道双方厮杀的危险，况且经商获取的利益远比抢掠的利益大。王直始终没有忘记，自己是一个商人，并不是"海盗"。

船员逐渐增多，船只不断扩修，王直经商的范围也在不断扩大。从开始的东南沿海，逐渐延伸到东南亚等国，将众多的货物贩卖到西洋国家。船只浩浩荡荡，满载商品，获利颇丰。王直虽被称"走私"，但也迫于无奈，他要生存，他的船队要生存，朝廷不允许，当然被定为"盗匪"。

王直从自身的商业利益出发，遵行商人之道，希望朝廷能够互通蕃市，取消海禁，以使海洋贸易最大化。但封建腐朽的王朝怎能废除制定已久的帝制，重农抑商的思想怎能轻易被打破，所以王直终究无法与朝廷抗衡，最终难逃一死。

不能把王直的武装力量看成是对抗朝廷的武器，也不能把王直曾同倭寇通商的行为看成叛国。王直的本质是商人，他一生的愿望就是互市往来。他和众多的农民起义领袖不同，王直没有谋反之心，只有商人心中的利益，只想做一个合法的商人。只可惜生不逢时，成了封建帝制下的炮灰。

Part 3

海氏家族：从官二代到富二代的成功蜕变

以清廉著称的海瑞终身无子，但却拥有一个"孙子"海述祖，并且这个海述祖还拥有不平凡的海上故事。海氏家族世代为官，到了海述祖这里开始转向海上走私贸易，由一个"官二代"成功蜕变成了一个"富二代"。海述祖拥有很强的商业头脑，但是他唯利是图，为了利益不顾及他人的生死，谁料这样的恶人最终却得以安享晚年，实在是令人不解。

海瑞与海述祖

提起海述祖，人们对他的认识可能很少，但是说起海瑞，却是一个我们熟知的清官。海瑞是明朝著名的清官，但是令人惋惜的是，海瑞临终时无子送终。

根据史料记载，海瑞一生娶妻三人，纳妾二人，曾和第一任妻子许氏生有两女，但是不久之后海瑞将许氏休了；后来的王氏与海瑞生有两子，但是也都不幸夭折了，后来又生一女，据说是因为受人之饼被海瑞痛骂绝食而死；在海瑞70多岁时，据说和小妾邱氏生有一子，但同样夭折了。

《明史·海瑞传》中也强调海瑞无儿女，但是在明代进士梁云龙的《海忠介公行状》一书中，却给后人呈现出了一个庞大的琼州海氏豪门，据说海瑞的孙子海述祖就是这个豪门中最为富有的商人。这有些令人不解，海瑞终身并无子嗣，何来的孙子呢？关于海瑞的孙子海述祖的事情还要从海瑞的祖先说起。

海瑞的祖先在宋朝的时候居住在福建，根据《海氏族谱》记载：海南的海姓始祖海俅，南宋理宗赵昀在位时由福建迁往广东，定居在广东的番禺区。海俅后来生二世祖海钰，海钰生三世祖海甫震，海甫震生四世祖海逊之，海逊之在明太祖朱元璋开国之初曾任广东卫指挥使。海逊之生五世祖海答儿，在明洪武十六年，也就是1383年，海答儿跟随父亲从军琼州，定籍琼山县左所，后从军营迁出，举家移居琼山府城朱吉里下因村。

从中不难发现，海瑞的祖先海逊之是明朝的开国功臣，在天下大定之后被授予三品广州卫指挥使的官衔，这个官衔在朱元璋那个时代只有300多个，所以那时的海逊之已经很有实力了。明朝末年的努尔哈赤，正是从卫指挥使起步，最终成了朱明王朝的强大对手。按照当时朱明王朝的军事管理制度，卫属官兵都是世袭制，所以据此推断海氏家族也都应该拥有军籍。海答儿镇守的琼州左所正是朱明王朝广州市舶司海口总口港，是大明帝国对外贸易的重要港口。能在如此重要的港口任职，可以看出海答儿也并非寻常之人。

海答儿跟他的父亲海逊之有所不同，他希望自己的后代可以走科举仕途之路。尽管世代为官，但是后来海答儿的儿子海宽还是考上了举人。在明朝时，能中举人的一般都可以走上仕途之路，可以为一方之官。海宽选择了自己的家乡福建松溪县，在那出任知县。海宽和父亲海答儿的想法也是一样的，也想要自己的子孙可以读书识字，走上仕途之路。在那个"万般皆下品，唯有读书高"的年代，海宽当然希望自己的子孙可以通过读书考取功名，为官一方。

明朝清官海瑞

后来果真没有让海宽失望，他的三个儿子都还算是有出息，大儿子海澄在 1457 年考中了进士，后来官至四川道监察御史；二儿子海澜考中了举人；相比之下，三儿子海翰不如二位哥哥，只混了个廪生（明清两代科举制度中由公家给以膳食的生员）。海翰虽然不如两位哥哥，但是海翰却生了个了不起的儿子，那就是海瑞。海瑞同样考中了举人，他和爷爷海宽一样，担任知县，惩恶扬善，为人刚正不阿，深受民众爱戴。

海瑞正因为一生清廉刚正，才被后人铭记至今，在历史上也具有一定的影响力。据说当时海瑞曾直言嘉靖皇帝，这令嘉靖皇帝大怒，但是却因为海瑞的影响力不能直接杀之，可见海瑞当时在百姓心中的地位之高，民众拥护，连皇帝都不敢轻易动海瑞。海瑞的刚正不阿让他在官场上遭到排挤，海瑞为了能在官场中立足不惜赌上自己的婚姻。

海瑞后期纳妾的邱氏，据说就大有来头。邱氏的曾祖父在1454年就考中进士第一名，为官40余年，后期官至宰相。邱氏家族在当时的下因村可谓是豪门，邱氏家族的子孙后代考取进士举人的更是数不胜数。而海瑞与邱氏联姻，很有可能是醉翁之意不在酒，就很像人们所说的"政治联姻"，当然这也只是后世人们的猜测罢了。

海瑞在70多岁时，仍在朝中为官，后来在1587年因病去世。去世后御使王用汲主持海瑞的丧事，看到海瑞家中使用的是葛布制成的帏帐和一些破烂的竹器，不禁痛哭起来，后凑钱为海瑞置办丧事。海瑞去世的消息传出后，百姓披麻戴孝站在街头，痛哭声久久不能平静。他后来被朝廷追谥为忠介。

关于海瑞的孙子海述祖也有很多的历史记载。明代著名进士梁云龙在《海忠介公行状》一书中介绍道：海瑞有一个堂弟名叫海珥，海珥有一个儿子名叫海中适，海珥曾把海中适过继给海瑞。虽然海瑞在生前并没有进行正式的过继仪式，但是海瑞和海中适的关系已经确立。梁云龙在《海忠介公行状》里说："继者必此子也。"

说到这个梁云龙，据记载是海瑞的同乡。梁云龙在55岁的时候考中进士，当时海瑞也在家中，两人是同乡也是好友，所以海瑞决定把自己的侄女海氏许配给梁云龙。梁云龙同海氏结为夫妻，随后梁云龙官运亨通，后官至兵部左侍郎。后来海瑞去世，梁云龙哀痛至极，可见二人关系很好，所以梁云龙对海瑞还是相当了解的。

海氏家族和邱氏、梁氏家族联姻，再加上本身世代为官，所以海氏家族在当时的琼州也属于豪门家族。海中适头顶海氏家族的光环，他没有走仕途之路，而是借助着海氏家族在广州市舶司海口的影响力，做起了贸易生意。到了其儿子海述祖这一辈，已经把生意发展得更加红火了。海述祖在当时的琼州堪称首富，成为富甲一方的人物，作为官二代的海中适，他和儿子海述祖利用家中为官的关系，通过走私赚取了大量的钱财。

海中适仗权经商

海瑞过继来的继子海中适是非常典型的官二代。虽然海瑞去世后被皇帝追赠为太子太保这个一品头等官衔，但是这些都已经成为虚名，并不会给海中适带来任何实质上的帮助。反而是当时海中适的堂姐夫梁云龙却是琼州的风云人物，海中适抓住了这个机会，开始在琼州海口做起走私生意。

梁云龙为官期间，曾经为国家作出很多贡献。在海瑞去世后的第三年，也就是1590年，青海的鞑靼部挑起事端，制造边乱，打败了镇守的总兵，朝廷大惊。当时朝中群臣进谏，提出了许多建议，身为兵部员外郎的梁云龙曾提议道："断甘肃、凉州之通道；扼四川、青海之咽吭，迫其归巢，制敌不得四出犯边。"后叛乱被平定，万历皇帝对梁云龙给予加赏。1592年，日本丰臣秀吉率兵侵犯朝鲜，气焰嚣张，明朝派兵增援。后担心倭寇侵犯边疆，有人建议增兵边疆，防止倭寇进犯。梁云龙建议"应敕令将军固守此地，罢敌台陷阱诸费用"。梁云龙的建议使得万历皇帝节省了数十万两白银，皇帝因此将其提至政司使右参政。1594年，胡人进犯辽东地区，梁云龙设计擒住巨寇，万历皇帝不断对其加官晋爵。

当时梁云龙的官职已经升至相当于现在国防部常务副部长的位置，拥有很大的权势，影响力很大，自然可以帮助到琼州家乡。按照当时王朝的兵役制度，家族中没有步入仕途的子弟，可以按照世袭原则，继承多个职位。所以，在当时海氏家族中应该有很多人在朝中继续为官，在朝中也拥有较为强大的势力。

所以从这点也能看出来，海瑞虽然已经去世，但是他的影响力还在，最起码皇帝对其家族还不错。那时的海中适虽然只是海瑞的继子，但仍然是名副其实的官二代，通过海瑞的影响力，加上堂姐夫梁云龙这个"国防部常务副部长"，再加上堂兄海鹏掌管着粮运、水利、屯田的便利条件，在这样的环境中，海中适自然开始利用这些权力来进行走私贸易。

在明朝朱元璋时代，倭寇猖獗，不断骚扰中国，这时明朝政府为了安全的考虑，采取了海禁政策，这严重影响了中国的海上贸易。尽管后来的朱棣开启海禁，但是到后来的嘉靖年间，明朝政府再度实行海禁政策，一直到后来的隆庆年间才开放海上贸易。到了后来的万历年间，虽然解除了海禁政策，但是对于海上贸易还是有非常严格的规定，只有领到政府的票引才能出海进行贸易往来。而当时的全国的票引也只有100多份。

宋代泉州市舶司遗址

那时的票引就相当于现在的海上通行证。在明代末年，崇祯皇帝当权的时候，全国闹灾荒，农民起义事件不断，东北的努尔哈赤也在不断开拓疆土，所以自然就需要进行对外贸易来获取金钱。在崇祯朝代，对外贸易的票引都在广州、泉州、福建、厦门等港口，而票引的颁发权掌握在市舶司的手上。

海中适那个年代是万历年间，万历皇帝严格控制票引流入到民营资本的手中，防止民营资本的扩张，尽管梁云龙和海鹏掌握着大权，但是想要获取广州市舶司的通行证，仍然很难。一方面，海中适所在的琼州港远离广州港，这使得获取票引十分困难。不过海中适还是受到梁云龙和海鹏权力的影响，在他俩的照顾下，让海中适享受到了其他海上商人享受不到的便利，海中适通过梁云龙等官员逃过了国家的稽查，通过走私在海上进行贸易往来。

明代著名的笔记著作《五杂俎》中写道："广之惠、潮、琼、崖，驵狯之徒冒险射利，视海如陆，视日本如邻室耳。"《五杂俎》于万历四十四年（1616年）出版，主要记述国事、时政，其中成功预测了满洲是朱明王朝的心腹大患。《五杂俎》记述了琼州出口贸易活动，对当时的海上贸易进行了记录，真实记述了走私活动的猖獗。

海中适当时的贸易物品主要包括海南特产的槟榔和椰子，海中适将大量的槟榔和椰子运送到福建泉州一带，再在泉州南下，将生丝运送到东南亚沿海地区。当时的生丝和丝绸等是明王朝一直严禁出海的货物，但是这两样物品利润很高，海中适当然不会放过这样的机会。顾炎武后来说道："滨海之民，惟利是视，走死地如鹜，往往至岛外瓯脱之地。"

此外，在《海澄县志》中对琼州豪门到福建做生意的状况有这样的记载："明正德年间豪民私造巨舶扬帆外国，交易射利。"从中可以看出，当时从琼州港到福建海澄港的人，只有海氏家族可以做到这点，到了海中适这一代，对于海上的贸易掌控权更是毋庸置疑的。明代《筹海图编》对沿海豪族走私这样记录：这种活动的人大多倚仗着为官的家族在背后撑腰，当外国商船停泊在近郊时，就张挂着这些人的旗号与之交易，任何人都无可奈何。

海瑞的一生，廉洁奉公，刚正不阿地为国家服务，在官场中建立了官场圈子，让海氏家族成为琼州绝对的豪族。但是海瑞没有想到，在这样的环境中，海中适却没有步入仕途，而是依靠着海氏官权的力量，开始在海上进行走私贸易。海中适的儿子海述祖自然也就受到了父亲海中适的影响，更没有心思读书考取功名了，开始在海氏家族权力的笼罩下，将海上走私事业继续发扬光大。

富二代海述祖

1642 年，大明王朝已经满目疮痍，整个国家硝烟四起，大明王朝濒临沦陷。但是正是在这样的环境下，海中适的儿子海述祖却走向了人生的巅峰，是他让海氏家族成功地由官二代转变成富二代，并且成为琼州地区最大的航运企业家。

海述祖出生在 1600 年，严格来说他是海瑞堂兄海珥的孙子，但是其父海中适通过过继成为了海瑞的继子，所以按照祖辈规矩，海述祖就成为了海瑞的孙子，理论上也可以说是官三代。海瑞去世后被追封为太子太保，虽然只有虚名，但是这也让海氏家族被荣誉光环笼罩。海中适没有走上仕途之路，但是家族并没有因此衰落，通过海中适的走私经商使得海氏家族资产更为雄厚，海中适的儿子海述祖自然可以算得上是贵族之后。

到了海述祖这一辈，海氏家族已经拥有了丰厚的家资，海述祖也完全可以继续走仕途之路，把海氏家族的官路继续走下去，赢得像海瑞当年那样的官场荣誉。

然而，海述祖并没有走上仕途之路，而是继承了父志，继续经商，做一个在权力庇护下的成功商人。尽管海瑞官至上等，但是他一生清贫。《明史》中对海瑞死后这样描述："卒时，金都御史王用汲入视，葛帏敝，有寒士所不堪者。因泣下，醵金为敛。"很明显，海瑞身为高官，却不像高官那样坐拥丰厚的家产。而身为第三代的海述祖，当然不会明白海瑞的生活，他只看到了父亲经商创下的事业，他哪里懂得清廉奉公，所以海述祖自然不会过着海瑞般的生活。

海家原本并无多少财富，但是在官二代海中适的积累下，使得"官三代"的海述祖成为了"富二代"。况且这位富二代并不像我们现在所认为的那样，只懂得享受玩乐，而不懂赚钱。海述祖虽然生逢乱世，但是却在商路上拥有大志。在《海天行记》中对海述祖有非常细致的描述："海忠介公之孙述祖，傥儻负奇气。适逢中原多故，遂不屑事举子业，慨焉有乘桴之想，斥其千斤家产，治一大舶。"

古书中评价说海述祖傥儻，"古者富贵而名磨灭，不可胜记，唯傥儻非常之人称焉。"司马迁在《报任安书》中对傥儻之人进行了诠释，如果不是富贵之人，那种放荡不羁不受约束的人是不能称为傥儻之人，傥儻之人一定是非常之人。海述祖被称之为傥儻之人，可见此人不仅富贵，行事还不按祖宗家法，这正符合走私分子的特性。傥儻本意就是洒脱、不受拘束，海述祖的傥儻当然和其家境有关，父亲所创下的雄厚家业自然让海述祖享受到了富贵的生活，在这样的生活中，为人自然放荡洒脱，不受拘束。

《海天行记》中还说海述祖"负奇气"。奇气在古代多指不平凡的气象和气势，可以理解为不平凡的志气。所以身为富二代的海述祖，家资万贯，不仅傥儻不羁，还拥有不平凡的志向，这些都成为他在海上进行走私经商的条件。另外，在那个动乱的年代，为官之路已经行不通了，所以海述祖也不屑于科举仕途。虽然海上的走私生活飘摇不定，风餐露宿，但是这正符合海述祖不拘的性格。

海家在海中适时已经积累了大量的财富，据当时记载家中拥有千金。千金不是指具体的实数，而是富有的代名词。在《史记·吕不韦列传》中记述道："吕不韦者，阳翟大贾人也。往来贩贱卖贵，家累千金。"汉朝以后，一斤金为一金，《史记·项羽本纪》："项王乃曰：'吾闻汉购我头千金，邑万户。'"虽然海氏家族不能跟吕不韦、刘邦等政治家相比，但依然可算富甲一方了。当时的琼州，并无记载家有千金者，所以42岁的海述祖在琼州堪称首富。

海述祖跟他老爹海中适有些不一样，这位"富二代"在完成了财富积累之后，已经不再进行单纯的走私，还当起了航运家，专门为走私商人贩运货物。从这点来看，他和他父亲的做法是有所不同的。这一点跟《海澄县志》与《筹海图编》记载相符合。按照大明王朝的规定，造海船由官家负责，民间只能造打鱼船一类的小船。官家造船在人力、材料等成本方面优于民间，但是造一艘十丈长的海船，成本依然在500两黄金以上。

《海澄县志》

根据史书记载，当时海述祖所建造的海船非常大："其舶首尾长二十八丈，以象宿；房以六十四口，以象卦；篷张二十四叶，以象气；桅高二十五丈，如日'擎天柱'，上以二斗，以象日月。"海述祖造的船远远超越官家的战舰长十八丈的水平。尽管《明史·郑和传》中记载郑和航海时最大的船长四十四丈四尺，宽十八丈，但是至今没有人复制出如此超大规模的海船。海述祖的船甚至超越同时期的英格兰与西班牙战舰规模。从这些也可以看出当时海氏家族拥有多大的家资，其势力如此之大，所建造的船只规模连当朝的政府都无法与之比拟。

据《海天行记》记载，海述祖的巨船"治之三年而成，自谓独出奇制，以此乘长风破万里浪，无难也。"这进一步说明了海氏家族当时的权势之大，财富之雄厚。

不为人知的阴谋

关于海述祖的海上走私贸易的事情很多都记述在《海天行记》中。《海天行记》的原作者是清代的钮琇，《海天行记》原本是被其收录在《觚剩续编》中的，后来又被清代的学者张潮收入在《虞初新志》中。而《虞初新志》是明末清初时的短篇小说集，其中收录了大量的人物事迹，包括钱谦益撰写的《徐霞客传》、吴伟业撰写的《柳敬亭传》、吴肃公撰写的《五人记》等名作。钮琇的作品也被收入其中，钮琇本身也是一位博学多才的学者，为官期间廉洁为民，颇有政绩，后来被列入了《清史列传》中。

钮琇在其书中记述了海述祖的海上走私经历。据钮琇记载，关于海述祖的事情，是康熙年间广州一位叫方麟趾的和尚讲述的。方麟趾曾和海述祖详谈，对海述祖讲述的事情印象深刻，据说当年海述祖已经96岁，他和方麟趾谈论自己一次在海上的经历。

海述祖晚年的时候居住在广州。一次偶然的机会，他向方麟趾和尚提起了自己的海上经历："濒海贾客三十八人，赁其舟，载货互市海外诸国。"1642年春天，海述祖率领38名走私商人，这些商人将走私货物装载在海述祖的船上，然后通过海述祖的船只将这些货物在当时的琼州海港出海。海述祖能让这些商人躲过政府的检查，可想而知当时海氏家族的影响力。

这时的明王朝已经快走到了尽头。辽蓟经略洪承畴率领的13万帝国精锐被困在松山堡，洪承畴部队已经弹尽粮绝，疲惫不堪，在大清政府的多次劝降下，洪承畴选择了投降。1642年3月，锦州总兵祖大寿降清。至此，辽东两大将领投降于清朝，这使得大明王朝再也无法组织有力的部队与清军抗衡了。

当时在海上还有一场战斗，就是荷兰和西班牙之间的战争。荷兰和西班牙为了争夺台湾的控制权，两国把军队部署在巴达维亚，也就是现在的雅加达，两国的军舰往返于台湾和巴达维亚之间。在这场争夺战中，西班牙战败，荷兰人占据了台湾。

此时的海述祖，已经从官二代成功蜕变成富二代，他已经完全不顾及国家的命运。对他来说，最重要的就是利益，利用权力来获取暴利，这才是他应该做的。也正是1642年，他乘船开往了人生财富的春天，这也就是他和方麟趾讲述的故事。

当时，年至96岁的海述祖向方麟趾和尚这样说道：在出海不久，他们就遇到了海上的飓风。根据后来《海天行记》中的记载，这样写道，"雪浪粘天，蛟螭之属，腾绕左右，舵师失色"。船在海上已经不受控制，随行的38位商人均葬身海中，只有海述祖抱着穿桅杆擎天柱幸免于难。

这件事情看似有些不合乎情理，海述祖安然无恙地回到了琼州，而称其余38位商人都死在了海中。这其实是一场典型的杀人越货行为。巨船在海上遇到飓风沉没，在汪洋的大海中，海述祖也不可能抱着一根桅杆漂洋过海，最后还能带着无数的珠宝回到琼州。所以只有一种可能，就是船只根本没有沉没，在船上海述祖通过一些手段杀死了那些商人，他带着货物把船行驶至南洋，贩卖了货物，同时把巨船转卖了出去，然后购买珠宝和另一艘船只回到了琼州。海述祖的巨型船舶耗资巨大，光造船就花费了3年时间。当他出海看到这38位商人携带的货物时，他动了杀心，想要将这些货物据为己有。他在当时建造巨船的过程中，在船中设置了机关，而这38位商人是毫不知晓的。还有一点就是当时走私是要杀头的，他为了这件事不被崇祯皇帝日后追查，海述祖选择了把这些商人杀死在海中，这样一来，就没有任何的人证了。这些死去商人的家人也只能认为自己的亲人死于海上飓风了。

回到琼州后的海述祖，进一步证明了他在海上杀人越货的行为。

海述祖回到琼州后，马上变卖了珠宝，然后移居广州，从此也不再做贸易生意，而是经营田地，当起了地主，将自己的身份彻底隐藏起来。

海述祖之所以回到广州，还有一个非常重要的原因。海述祖有一个继子也住在广州，海述祖这个时候回到广州寻亲也是可以理解的，更为重要的一点就是在这里可以做些其他的买卖，更好隐藏自己的身份，避免在海上的阴谋被人戳穿。

海述祖在广州的生活是十分悠闲的。根据钮锈后来的记载，海述祖96岁的时候面色如50岁一样，可以看出海述祖的隐藏是成功的。海述祖用尽一生把海氏家族从世代为官变成了一个富甲一方的豪门家族。但是在这些权力和财富的背后，却隐藏着许多不为人知的阴谋。

海中适和海述祖经商之道

17世纪初期，我国农业十分发达，坚实的基础加上先进的技术使我国农产品开辟了更大的市场。另外我国的手工业、陶瓷业、纺织业发展极为迅速，成为很多其他国家的物资来源。但朝廷认为中国不需外来商品，并施行禁海政策，产品流通受到了极大制约，严重影响我国经济发展。

海中适借助家族势力，凭借其父海瑞的名声，开始走私贸易，在海上做起了商人。海中适将海南的槟榔、椰子等运输到泉州，在那里贩卖给当地的商人，从中赚取差价。然后再在泉州买进生丝、丝绸、棉布、水银、铁锅、瓷器、药材、锦绣、红线、硝黄等产品，将这些违禁品装船入海，贩卖到西洋各国。海中适受到家族中为官的庇佑，所以畅通于海上，利用这种手段赚取了大量钱财。

海中适死后，其子海述祖更是继承了父亲的家产，利用雄厚的家资扩造商船。一方面租赁给其他商人，获取租赁费，另一方面自己也下海经商，获取利益。海述祖时期已经熟悉了海上航路，并且父亲留下的很多商户仍与海述祖保持联系。海述祖在此基础上，又开拓了很多新航线，把本土的丝绵、棉布、锦缎、茶、盐等贩卖到东南亚等国。

　　泉州港上的水手从早忙到晚，将一箱箱装好的货物搬上船，趁着夜幕行驶到东南亚各国。商船还未到达岸边，岸上前来购货的商人已经是黑压压的一片，船只靠岸，买卖声更是此起彼伏。前来的外国人大喊，"船来了，大家赶紧买货，发财的机会来了！"海述祖看到一箱箱的货物几个小时内就被抢购一空，心中满是欢喜。商人们也心满意足，买到了货，自然可以卖个好价钱。

　　海述祖通过这样的方式把各种物品贩卖国外，赚取巨额利润，在当地富甲一方，成为有名的商人。海述祖不满足于现状，后来又修造了一大批船只，据历史记载，有些船的长度达到了几十米，这在当时是数一数二的。

　　海述祖之所以敢航行于海上、互通异国，除了家族官员的照顾外，巨大的利益也是驱使他冒险的主要原因。当时生丝属于违禁品，私自贩卖要被杀头，但贩卖到东南亚各国的利益可达数倍之多，海述祖身为一名商人，又怎能抵制住金钱的诱惑，所以他铤而走险，走私南下，私通互市。

　　我国近些年在沿海打捞了大量的沉船文物，其中包括陶器、铜器、铁器以及一些火炮装备。当时海上经商的人们可能遇到了大风浪，导致船只漏水，最终沉于海底；另外也可能双方船只曾火拼，为了争夺货物而击沉商船。不管什么原因都没有抵挡海氏家族的经商之路，他们敢于打破封建王朝的束缚，敢于突破传统农业的藩篱，从这点来说，海中适和海述祖的经商之道是值得肯定的。

Part 4

逼下南洋
跨国通缉林道乾

　　林道乾是继王直后明代又一位大海盗，林道乾拥有巨大的海上势力，曾让明朝政府感到不安。明朝政府为了剿灭林道乾的海上势力，联合众多国家围剿林道乾，但最后也没能抓到他。林道乾深知王直的遭遇，所以他一直不肯真正地招降，反而利用假招降，极力扩大自己的队伍，可见其胆。

惨烈的南澳之战

　　林道乾是明朝时的海盗，又名林悟梁，是福建澄海县南湾村人。他在海上的势力很大，而且无视海禁政策，私自进行贸易活动，不把大明政府放在眼里，最终遭到大明政府联合多个国家对其围剿。但是最终大明政府也未能清剿林道乾的海上势力，一说他返回到暹罗的北大年，在那里自立为王，直至死去。

　　根据相关史料记载，出生在福建潮州的林道乾曾经是潮州某地方的一名小官员，但究竟是哪个部门、具体是什么职位，也没有具体的记载。在当时来看，身为一名官员，虽然是一位小官，但是也可以吃饱穿暖，衣食无忧，他为何会走上走私甚至海盗的道路呢？清代嘉庆年间编撰的《澄海县志》记载道："任潮州府吏有罪，亡命海上。"《海氛》中也记载："道乾少为潮州府吏，有罪，亡命海上为盗。"犯了点错就选择下海走私了吗？这种推断显然是不准确的。很有可能是当时的林道乾身为小官，看到了走私的巨大利润，所以他想一边为官，一边走私，从中获取更多的金钱。海禁政策为当时的很多人也都带来了巨大的利润，所以林道乾不甘落后。但不幸的是林道乾被大明政府发现了，拿掉了他的官职。林道乾离开官府后，又没有其他营生，所以自然选择了在海上走私商品，获取利润。

　　林道乾被拿掉官职后，便开始在澄海县南湾一带聚拢人员，根据《澄海县志》记载："初聚党不满百，破乌汀背（寨）渐可二百余。"林道乾之所以选择南湾这个地方，一方面这是他的祖籍地，他十分熟悉这里的地理环境，从小生活在这里，对这里的人员也比较熟悉，招募人员比较容易；另外这里地处海滨，远离城镇，官府不好追查，是个走私的好地方，一旦官府前来，也比较容易逃脱。

　　此时的林道乾只是一个小海盗，手下也不过百十来人，还没有引起大明政府的注意。当时海上的吴平、林立、曾一本等在海上拥有较为强大的势力，所以当时的明朝政府也只能对这些人加强管理，没有过多的精力去清剿这些小股海盗。这是当时林道乾的队伍得以逐渐壮大的原因。此时的林道乾正在极力扩大自己的队伍，修造海船，以便海上航行之用。《万历武功录》记载道："为人有风望，智力无二，好割据一方自雄。所至辄不忍贪淫之性，掘人坟墓，淫人妻小，蚕食人田土。常擅山海之禁以为利。"说明这时的林道乾已经开始在海上进行走私贸易了。

林道乾真正崛起的时候是在嘉靖四十二年，也就是1563年。当年的3月，林道乾率领50余艘船舰，从广东汕头市的南澳岛北上攻打福建省漳州市的诏安县南村土围和厝下村土围，林道乾在这里烧杀抢掠，获得无数钱财。林道乾的进攻，后来遭到明代抗倭名将俞大猷的迎击，林道乾不敌俞大猷所率领的军队，兵败后退到了台湾。

《万历武功录》

关于林道乾攻击福建诏安县的时间，史料上有两种不同的记载。一说是在嘉靖四十二年，即1563年，一说是嘉靖四十五年，即1566年。根据史书记载，在1565年，明代的抗倭名将戚继光和俞大猷就联合扫平了南澳岛，在此次战争中，官军对南澳港进行了彻底的摧毁，所以在这之后利用南澳岛进攻诏安县是不可能的。

在南澳之战中，骁勇善战的戚继光和俞大猷碰上了劲敌，就是当时最大的海盗集团吴平。吴平率领部下顽强抵抗，海盗们誓死也不投降，与戚继光和俞大猷的官军战斗到了最后一刻。海盗终将敌不过官军，有些海盗选择了跳海自杀，这种顽强的战斗精神令戚继光和俞大猷感到震撼。在此次战斗中，海盗死伤加上被俘虏的一共有15000余人，吴平只能率领残余的几百人仓皇逃跑。于是在当时的民间还流传着这样一句话："俞龙戚虎，杀人如土。"

其实之前的吴平已经接受朝廷的招安，但是很多官员仍然认为吴平等属于倭寇，这样会扰乱民心。但实际上吴平在浙江一带为寇，在梅岭一带则为民。官府对吴平等人一直不放心，所以仍旧下令命俞大猷清剿吴平等人。而当时吴平已经答应俞大猷剿倭赎罪，吴平对于俞大猷的命令，也一一照办了，但到最后还是受到了围剿。吴平在听到消息后率众到达南澳岛，以南澳岛为基地，和戚继光、俞大猷官军形成对峙，期间各有输赢。但明政府已经决心清剿吴平海盗集团，战争十分惨烈，死伤无数。政府的假招抚让吴平不再相信戚继光、俞大猷，所以很多海盗至死也不选择投降，宁可跳海自杀也不向大明政府低头。

而此时的林道乾正是兵败退到台湾之时，南澳岛作为他的基地被吴平接收也是在情理之中的。朝廷的背信弃义让海盗在海上再也没有任何的退路。从之前的海盗王直开始，政府就已经开始采用这种"假招降"的方式来引诱海盗们上钩，然后再一举歼灭。所以这也导致后来很多海盗宁可殊死搏斗，也不再相信大明政府。海盗已经被逼上绝路，投降是死路一条，不投降更是死路一条，身为海盗，当然会选择和大明政府抗争到底，只要还有一口气，就不会屈服于大明政府。

在打狗流传的故事

林道乾在兵败后来到了台湾，并且在官方记载中还留下了"膏血造舟"的恶魔形象，林道乾在台湾还留下了很多传说，这些传说并非把林道乾刻画成恶魔，而是较为中性的一位人物，并且充满了丰富的寓言象征。

　　林道乾在俞大猷的追击下，从澎湖转至台湾，定居在打狗港，即现在的高雄港。打狗港这个名字，源自于该地的原住民马卡道族，当时这里的人们为了抵御外来的敌人，开始种植一种带刺的竹子，成片的种植使得外来者不敢来犯，其"竹林"的发音和闽南语"打狗"的发音相近，于是打狗就成了此地的名字了。后来在中日甲午战争之后，日本人觉得打狗这个名字不雅，所以取日文的近音为"高雄"。

　　林道乾到达此地后，成为大陆地区来到高雄的第一支大规模团队。而在此地的林道乾，根据历史的记载，名声确实不好。康熙三十三年《台湾府志沿革》记载说："嘉靖四十二年，流寇林道乾扰乱沿海，都督俞大猷征之，追及澎湖，道乾遁入台，大猷侦知港道迂回，水浅舟胶，不敢逼迫，留偏师驻澎岛，时哨鹿耳门外，徐俟其弊。道乾以台无人居，非久居所，恣杀土番，取膏血造舟，从安平二鲲身，隙门遁占城。"

台湾通史

　　后来的台湾著名史学家和诗人连横在他的《台湾通史》中也记载道："嘉靖四十二年，海寇林道乾乱，遁入台湾，都督俞大猷追之，至海上，知水道纡曲，时哨鹿耳门以归，乃留偏师驻澎湖，寻罢之。居民又至，复设巡检，已亦废之。道乾既居台湾，从者数百人，以兵劫土番，役之若奴。土番愤，议杀之，道乾知其谋，乃夜袭杀番，以血衅舟，埋巨金于打鼓山，逸之大年。是为华人杀番之始。"

　　我们也可以看出，这本书中对林道乾当时在高雄的描述并不好，完全可以用惨无人道来形容了。对于两本书中都提到的大肆屠杀当地居民，并用其膏血造船，这样的行为十分令人不解，同时也很匪夷所思，可能只是对于林道乾这个"海盗"的艺术加工。林道乾当时可能给当地的居民带来了很多伤害，但也不至于用膏血来造船，这也是行不通的。但是有一点是可以肯定的，那就是林道乾并不看好台湾，认为此地并非久留之地，所以在后来他率领大部分人马远至占城（在今越南中南部，中国古称也为林邑）。林道乾留下来的人员后来都归属了明朝另一位海盗林凤，成为林凤日后攻击西班牙部队的主力之一。

十分奇怪的是，虽然林道乾在史书中被记载成了一个"膏血造船"的恶魔形象，但在台湾留下了大量形象中性的传说，而且充满了寓言象征。其中流传最广的一个故事是这样的：当年有一个道士无意间看到了林道乾，认为林道乾有帝王之相，不同于凡夫俗子，日后一定能成一番事业。那道士还说，要想成为帝王，还需要一些准备工作。于是，告知林道乾在睡觉的时候，要在口中含上100粒白米，数量不能多也不能少，100正好，然后睡觉的时候还不能将白米咽下，更不能将白米吐出，这样连续100天方可奏效。然后再作法拜祭神箭，在100日时辰一到，将神箭向北京方向射去，这样就能射死皇帝，然后取而代之。林道乾听完很是兴奋，并决定要试一试。道士说完后，从身上取出三支箭，并在三支箭上分别刻上了林、道、乾三个字，还给林道乾一只锦鸡，用以百日时报晓之用。道士在交代清楚后便离开了。之后，林道乾便叫来了他的妹妹"林姑娘"，让其照看锦鸡，不可怠慢。而自己则是每天口含百粒白米而睡，100天很快过去了，百日时辰已满，林道乾和林姑娘十分兴奋。林姑娘抱着锦鸡，紧张又兴奋，林道乾也张开弓，将祭拜过后的弓箭放到满张的弓上，这时锦鸡突然鸣叫起来，林道乾顺势将三支箭都射了出去，但是由于林姑娘的紧张，致使手中的锦鸡弄错了时辰。此时的皇帝还未上朝，所以林道乾的三支箭都射在了金銮殿的皇椅上，就这样林道乾破掉了自己的帝王运，还召来了朝廷的镇压追剿。

这个故事和身为海盗的林道乾形象不符，传说故事中的林道乾是一个想要实现皇帝梦的奋斗者。还有一些关于林道乾在打狗山上埋金银财宝的传说。据说当年林道乾在海上通过走私经商积攒下了大笔的金钱，无处安放，就埋在了台湾打狗山上。据传金银财宝有80篮之多，因此这座打狗山又被称为"埋金山"。

明清两代中曾有无数人来到台湾，很多海盗都曾短期占据这里，而留下最多传说的当数林道乾了。关于宝藏的秘密，一直有所流传，而宝藏真正的主人就是林道乾。当然这只是传说故事，民间的很多传说都可以反映出某个人或者某个时代的特点。就像林道乾一样，说他有皇帝之相，但最后却是个被众国围剿的海盗头领，这完全和帝王之相的人物是相反的，可见民间的传说虽然说林道乾有帝王之相，但终难成气候，无法成就一番事业。这可能是对林道乾最好的讽刺了，一切可能都是天意，在冥冥之中，一切早已有定数。林道乾怎可能成为一代帝王，他只不过是明代历史上一位简单的海盗头领罢了。

招安的真正目的

林道乾在台湾并没有做过多的停留，之后又回到了潮州附近，在这片海域上打游击。而此时的朝廷也发生了变化，在位40余年的嘉靖皇帝去世，其子明穆宗即位，改年号为"隆庆"。在此期间，大明帝国宣布开放海上贸易，允许民间商人远洋到西方国家进行贸易活动，这就是历史上著名的"隆庆开关"。

隆庆元年，也就是1567年，林道乾率领部下先后两次攻打澄海溪东寨。此地十分险要，明代林熙春在《澄海县修溪东寨记》中记载说"控沧溟而捍封疆，微论澄之要地，即谓潮之咽喉亦可"，说明此地易守难攻，占有十分重要的地理位置。林道乾的第一次攻击，遭到驻守此寨的陈求默民兵队伍的反抗，并且将林道乾部下成功击退。林道乾没有放弃，到了来年的 3 月左右，再次率部下来进攻，这次林道乾准备充分，人员众多，断绝了溪东寨的粮食供应，最终攻克溪东寨，并大肆劫掠寨中的钱财，死伤无数人。

林道乾占据了溪东寨后，在地理环境上占据了一个重要位置，他开始大力壮大队伍，准备在海上创就一番事业。隆庆开关后，明朝政府开始采取"以盗制盗"的方法来治理海盗，同时还对海盗实行招安，纳海盗为其民，这是当时朝廷对海盗的主要方法。

当时的林道乾已经被大明政府熟知，拥有强大海上力量的林道乾已经今非昔比，所以在"横海将军"郭成常、潮阳知县陈王道的提议下，

广东南澳岛

朝廷决定招安林道乾，用其对付一股更为强大的海上力量，那就是曾一本。林道乾可以将功赎罪，为国效力。《上谷中丞》也有提到关于招安林道乾的记载："今说者乃以一本名偶上闻，在所必诛。而道乾宜在所后，不如姑且抚之，复割壤地以与之，冀其无为我患。万一幸为我用，或可并力西向，以从事于一本。"

曾一本是海阳县薛陇乡人，当时和林道乾一样，都曾听命于大海盗吴平。吴平战败后，曾一本带领其部下成为海上的老大，在福建附近沿海地区四处掠夺，横行霸道。在1567年新任总兵汤克宽发招安令后，曾一本向潮州请降，但不久之后他再次叛逃，退到了南澳岛。

1570年，林道乾接受了朝廷的招安，海盗摇身一变成了"官军"。朝廷计划将林道乾等人安置在潮阳县的招收部下尾村，却没想到遭到了潮阳地方绅士们的强烈反对。原来此地靠近海岸，常有海盗出没，乡绅们害怕林道乾伙同这些盗贼侵占这里，所以不想让林道乾等人在此安置。

但是乡绅们的反对并没有起作用，林道乾所部依然被安置于潮阳下尾村，"得食膏腴田千余亩"，其部队的建制完整地保留了下来。这与之前王直被招安的待遇有着天壤之别，当时的王直几乎是单枪匹马入杭州。虽然胡宗宪诚心，但奈何朝廷却要用王直的人头立威，最后横行在大洋上的"净海王"王直只能引颈就戮。之所以无法在招安的初期就一举改编林道乾所部，就是因为在王直事件之后，朝廷已经失去信用，拥兵自重是被招安者的基本前提。在一个有枪就是草头王的时代，也只有时刻紧握枪杆子，才能避免"人为刀俎，我为鱼肉"的命运。一切空谈都没有用，只有自己手中掌握着大量的人马才是最主要的，这样才可以同朝廷谈判，不然连投降的资格都没有。

林道乾被招安后，成功讨伐了很多小股海盗力量。林道乾听从大明政府的命令，遇到海盗即刻出击剿灭，因此也获得了不少嘉奖。林道乾一方面在此拥有良田，可以安家立业，养活手下的人。同时他并没有改掉海盗的作风，仍然杀掠如故，借讨伐之名，打着大明的旗号进行掠夺。在这期间很多人都投奔于林道乾。当时没有人敢在林道乾的面前说他的不是。

在林大春的《井丹先生文集·上谷中丞》中对其有这样的描述："亡赖之徒，相继归往，每悬赏招募，人各一金，致十人者予三金，即以其人统之，故相附者日众。"

按照正常来看，朝廷允许商人下海经商，走私贸易在海上的空间应该被大大压缩，民众在海上应该是遵章守法，不会再去触犯法律。但是在这样的环境下林道乾的势力是如何增长起来的呢？又怎么会有良家子弟归属于林道乾的呢？

根据林大春在《井丹先生文集》中写道："顷者道乾徒党公行至掳掠居民，民不得已，严兵拒之。彼遂旅至城下，宣言中秋欲来屠城，城中震恐，道路相顾涕泣。县令仓皇，莫知所为。于是吾辈乃往见令，说以尹铎守晋阳之事，因请移书责之背盟，始得以暂弭。然而观其报书，辞甚悖慢，又安能保其不来乎？"下围村此地"往岁地方警急，辄从征调，多得死力。自道乾一招，半为贼有，寻被残破，故土为墟。然使及今休养，犹可生聚，官府以义鼓之，或足以当东南一面门户。若复招安于此，则生聚者无几，见存者又复沦胥于盗。不惟自撤藩篱，抑且引盗入室而并据之。而欲求潮阳一夕之安，不可得矣。此已往之覆辙，近事之明鉴也。"也就是说，很多人是不得已才被迫归属林道乾，而并非其本意。

林道乾海盗出身，怎能安分守己，又怎会一心为官府服务，他之所以接受朝廷的安抚，多半是出于自身的考虑，他想让自己的队伍发展壮大，这才是林道乾的最终目的。

海／商

Maritime Commerce

遭到围剿

林道乾在接受招安后，并没有诚心实意地为朝廷效力，这也是在情理之中的，毕竟大明政府的目的也只是利用他而已，而身为海盗的林道乾又怎会任凭官府的摆布。林道乾在为朝廷清剿海上的小股海盗势力时，时刻不忘壮大自己的队伍，这期间招募了大量的人员。林道乾虽然头顶"乌纱帽"，但是却仍然在私下里进行走私活动。当时海上走私逐渐开始泛滥，海上走私贸易活动增多，海盗也更加猖獗。大明政府自然不能放任林道乾继续在海上胡作非为，所以当时任两广总督的殷正茂想要伺机消灭掉林道乾，但是林道乾很是机警，没能让殷正茂得逞，之后大明王朝联合西方国家对林道乾发起了围攻。

林道乾在潮州已经得知大明政府将要举兵清剿自己，于是林道乾没等大明政府发兵，就逃出了潮州，南下到达了柬埔寨。万历元年，即1573年，林道乾到达了柬埔寨。在这林道乾与澄海的同乡杨四结识，并得到了杨四的大力支持。杨四很小的时候就随父亲来到了柬埔寨，但他父亲早故，当地的居民见杨四可怜就收留了他，并将杨四抚养成人，长大以后还任杨四为"把水使"，大概就是一种海上的官职。此时，林道乾来此投奔，两人很投机，遂成刎颈之交。两人对外更是以兄弟相称，外人认为两人是亲属关系。

杨四在当地拥有一定的势力，所以在他的撮合下，林道乾向柬埔寨的国王进献了很多金银和上等的锦帛，林道乾得到了国王的赏赐，被任命为"把水使"。

之后，明朝的伏波将军攻打到了北津港，擒拿了林道乾的人员，得知林道乾在此地。于是，伏波将军马上将此消息通报给了两广总督殷正茂，要求暹罗（泰国古名）、安南（越南古名）两地出兵捉拿盗贼林道乾和其众党。于是，安南的都护使派人搜索，但并没有找到林道乾，上报说："柬埔寨乃是真腊夷国也，安南实无此寨，臣国实无敢匿乾者，有则具以告。"所以当时只抓了些当地的盗贼送至广州殷正茂处。

柬埔寨风情

而此时的林道乾知道自己已经暴露，也闻知殷正茂要暹罗发兵进攻自己，所以他决定先行下手，攻打暹罗。林道乾和杨四二人请柬埔寨国王发兵千余人、船舰几十艘，向暹罗发起攻击，但此次战斗并未取得成功。根据《万历武功录》的相关记载，此次战争可能使柬埔寨国王对林道乾二人生疑，具体原因未详细记载，但很有可能是林道乾二人在此的势力逐渐强大，一山难容二虎，加上两人让柬埔寨国王发兵，这引起了国王的不满，以至于后来林道乾和国王结怨。

万历六年，即1578年，林道乾离开了柬埔寨，回到了琼州老家，又招募了些人马，准备南下。在南下到海南岛的时候，他还劫掠了福建的运粮船队，抢其金银，俘其人员，遂去。后来林道乾来到了暹罗附近一带，为了避免官府的围剿，还改名为林悟梁。在这附近海域，他专门劫持商贾船只，并且还准备伙同渤泥国攻打暹罗，暹罗国王被逼无奈，只得同林道乾谈和，双方还立下盟约，暹罗保证林道乾决不让明朝官军抓走。

后来根据明朝官员张居正和两省官员的通信中得知，林道乾在到暹罗后曾攻击柬埔寨，更加说明之前林道乾就和柬埔寨国王结怨。因此后来的大明政府还利用柬埔寨和林道乾之间的矛盾让柬埔寨发兵攻打林道乾。

这段时期内，林道乾在暹罗海域附近大肆掠夺，但暹罗又拿林道乾没有办法。后来暹罗派出了密使，赶到了广州，密告了林道乾的动向。而此时也正是葡萄牙想为大明朝廷"效力"的时候。

葡萄牙人之所以帮助大明政府打击海盗，有自己的目的。当时的大明政府、海盗、西方殖民者已经形成了一个三角关系，而大明政府关心的是王朝的安危，它想清除掉海盗，所以大明朝廷利用这些葡萄牙人来攻击海盗，毕竟这些金发的西方人还不会霸占大明的江山，他们只想捞取些商业利益。西方的葡萄牙之所以协助大明朝廷打击海盗，是因为当时海盗在海上走私、掠夺，这严重影响了葡萄牙人在海上的贸易活动，这些海盗成为当时西方人在海上的主要竞争者。另一方面，葡萄牙考虑到帮助大明政府攻击海盗，会得到大明政府在海上的宽容政策，这有利于他们在海上进行贸易活动。当大明王朝实行海禁政策的时候，西方人的海上船队需要得到补给，同时也希望在中国领土上得到居住权，所以他们毫不吝惜地花自己的钱，来帮助朝廷清剿海盗。

在明朝政府还没联合柬埔寨、暹罗和葡萄牙之前，就已经命福建巡抚派使节陈汉升等人到达柬埔寨，要求柬埔寨和暹罗一同出兵，攻击林道乾。但这件事后来被杨四知道了，杨四暗中告诉了林道乾，林道乾纠集众人先行杀了陈汉升等人。这时明朝政府联合各国组成联军向林道乾发起攻击，在众多势力的夹击下，杨四被抓并被押送到明朝。林道乾的海盗集团受到多方面的攻击，但林道乾本人仍未被俘，只是其海盗集团势力被削弱。

到1581年，殷正茂再次派出使节周宗睦、王文琳到柬埔寨，命令他们联合暹罗继续夹攻林道乾，但是此事再次被林道乾察觉，于是"格杀众人，掠其舟，渡海而去。"

有才有胆的林道乾

林道乾既然可以拥有如此大的队伍，这说明林道乾有着非常强的管理能力。他虽为盗，但也从商，林道乾在经商方面也有很强的能力。因为就算是走私，也不是所有人都可以达到如此大的规模。光有才没有胆识，也不可能使林道乾发展得如此之强大。所以纵观林道乾的一生，确实是位有才能、有胆识的海盗。

也正因为林道乾的势力太过强大，严重危害到了大明朝廷的安全，所以大明朝廷才会集结联军攻打林道乾。但林道乾的下场可能并没有其他海盗的下场那样悲惨，《万历武功录》中就记载说林道乾不知所终。这本记录万历年间诸多事件的古籍虽说比较权威，但很多关于林道乾的记述并不清楚，多少含糊不清，各个事件的前后关系和因果联系也都存在一些问题。根据后来一些考证和历史记载，认为林道乾扬帆南下，率领上千人来到了暹罗南边的北大年。

根据泰国保存的《北大年年志》记载，林道乾来到北大年之后，就在此定居安家。当时北大年的国王很欣赏林道乾，林道乾因此受到了国王的重用，甚至还成为了驸马。在这里，林道乾开始率领自己的部下开垦荒地，并且在海岸地区兴建港口，被后世人称之为"道乾港"。

林道乾在此地和当地的居民和睦相处，互为邻里，带领众人兴建各种设施。海盗林道乾成为北大年的建设者，在当地被尊奉为"客长"。林道乾在此甚至还传播伊斯兰教，并想在此地建立一个清真寺，但后来由于种种原因，最终放弃了。

林道乾在北大年为华人开拓了一个新家园，被当地人尊为"家长"，但是在自己的国家，却被当成是无恶不作的海盗。后来，明代著名的史学家李贽，在其著的《续焚书》中为林道乾做出了较为真实的评述。随后，人们才开始认识到林道乾的意义，对林道乾本人也有了一些不同的见解。

明代官员李贽

李贽对林道乾的感慨据说源于一个玩笑，当年李贽在黄安时，他的朋友吴少虞开玩笑向李贽问道："你可知道林道乾这个人？"当年的林道乾已经成为笑话福建人的称呼。李贽就是福建人，李贽听闻朋友话语后反问道："尔此言是骂我耶，是赞我耶？若说是赞，则彼为巨盗，我为清官，我知尔这大头巾决不会如此称赞人矣。若说是骂，则余是何人，敢望道乾之万一乎？"可见李贽对林道乾的认识并非海盗那么简单，他甚至把林道乾抬到很高的位置。

李贽认为，尽管现在社会还较安稳，朝廷刑罚适中，倭寇逃到很远处，人们生活也还算可以，但是林道乾能在海上横行几十年，到后来都没有被打败，这说明林道乾很有能力。在海上可以称王称霸，很多人愿意追随他，并且忠心于他，说明林道乾的才识和胆气都是高于常人的。

李贽还认为如今的官员"平居无事，只解打躬作揖，终日匡坐，同于泥塑，以为杂念不起，便是真实大圣大贤人矣。其稍学奸诈者，又搀入良知讲席，以阴博高官，一旦有警，则面面相觑，绝无人色，甚至互相推诿，以为能明哲"。当朝为官之人都只顾及自己的安危，却不考虑百姓民众的疾苦，甚至出现了很多贪官污吏，这要比海盗对民众的迫害更为厉害。

其实，当时朝廷领导层已经知道很多地方官员有贪污受贿之嫌，但相比于海盗倭寇之类的祸患来说，贪官污吏更像是一种常见现象，所以朝廷打击海盗、追击倭寇，却无暇整治那些贪官。国家任用这些看似清廉之官，却抵制像林道乾这样有才有胆之人。这样的政权当然导致外贼入侵，国家难保。

所以海盗本身的猖獗并不是自发而来。如若国家富强，人们安居乐业，朝中政治清明，谁人还能为非作歹呢？林道乾只是大明时代中众多海盗中的一个，他虽然不能代表什么，但是从他的故事中我们或许可以了解到当时的大明王朝。纵观林道乾的一生，身为海盗，走到哪里都受到大明政府的追杀，更可气的是，竟然还联合西方国家围剿海盗。大明王朝可知西方国家已经进犯东南亚，已经损害到中国的利益，大明政府的妥协和忍让导致西方殖民者疯狂入侵，东南亚各地相继沦陷，而大明政府却将这些地区拱手相让，这难道不是一个朝代的悲哀吗？

至于林道乾的死亡，也有很多不同的说法。一说是林道乾在人生后期的时候开始修筑炮台，研究大炮，先后还造了几门大炮。大炮造好之后，需要点火试验，其中有一门大炮点火未响，于是林道乾就走到跟前查看，谁知这时炮膛炸裂，林道乾被炸身亡。还有种说法认为是林道乾和内部人员产生了矛盾，内部诸人将其捆绑起来，将其致死。无论是哪种说法，都已经无从考证。历史上的名人自古以来就是褒贬

海/商

Maritime Commerce

不一，后世的评价当然是有好有坏。林道乾终究是一个海盗，也不可能成就多大的气候，他虽然拥众无数，船只无数，到头来只不过被历史扣上"海盗"的帽子。

在历史的长河中，人物众多，数不胜数，林道乾相比于那些为国家做出巨大贡献的人来说，只不过是一个江湖小卒。但是拥有才学和胆识的江湖小卒还是很少的，不然后人又怎能记住这个"海盗"呢？

潮商领袖林道乾

潮商是潮汕商人的简称，是指广东潮州、揭阳、汕头、丰顺等地的经商之人。潮商形成于唐末，并一直延续至今。潮商聪明果敢、头脑灵活，善于经商，是继晋商和徽商后，影响力很大的商帮之一。历史上较为著名的潮商有很多，其中值得一提的当数明朝海商林道乾。

林道乾出生地一直存在争议，但一般认为其生于广东，属于潮州人。林道乾家境一般，常为生计而奔波劳走。少年时，林道乾曾在人帮助下读过几年私塾，可后来早早走上经商之路。再后来还曾做过小吏，智谋过人，颇有胆识。最终因某种原因，下海经商，发迹海外。

林道乾年轻有为，不满足当下贫苦的生活。他智慧过人，而且很有经商头脑，所以当时有很多人跟随他。林道乾率领众人修造海船，用重金广纳船员，吸收了沿海大部分渔民以及海盗。林道乾势力逐渐强大之后，开始下海经商，将本土的丝绵、铁器、瓷器等贩卖到东南亚等国。其中与暹罗、柬埔寨等国来往密切。

林道乾充分利用潮州有利的地理位置，开始进行走私贸易。将本土的众多技术和货物带到暹罗等国，然后将当地的粮食作物以及水果等带回潮州，频繁往返于西洋和广东之间。林道乾凭借着强大的海上势力，在东南沿海地区横行霸道。

林道乾的海上船队发展迅速，除了个人原因外，还得力于王直。王直死后，群龙无首，留下众多残余势力。林道乾将其中的大部分人归纳到自己的麾下，迅速壮大了商船势力。林道乾不仅来往于暹罗和广东、福建等地，还和很多西洋国家保持着密切往来。林道乾在潮州驻有自己的商队，而且在北大年等国也有自己的众多势力。

林道乾为了牟取更大的利益，打通了众多航路，开辟了很多贸易航线，成为了国际海上贸易的领头人。林道乾与王直有所不同，他除了经商之外，还经常劫掠其他的商船，所以说他不仅是个商人，也是个"海盗"。

林道乾在东南沿海的势力一天天壮大，拥船数百，人员数千。朝廷政府怎能任其发展，于是开始发兵围剿，以"盗匪"的名义攻打林道乾众人。但林道乾人多势众，而且盘踞海外，朝廷官兵劳于奔波，所以几次围剿均以失败告终。后朝廷故技重施，选择招安，但林道乾深知王直之死的原因，虽表面招安受命，但在背地里仍发展队伍。最终逃到北大年，在那里改名林悟梁。据说还在那自立山头，成为当地国王的女婿。

林悟梁在北大年定下根，继续着海外贸易，其商人的本质始终没有改变。至于林道乾的死因，一直众说纷纭。大多数人认为其是在试用自制大炮时被炸死的。

纵观林道乾的一生，借海经商，是潮商中发展最为强大的商帮之一，同时他也是众多潮商的领袖，是开通潮商国际贸易的领头人。

海/商

Maritime Commerce

Part 5

喋血吕宋
林凤挑战西班牙

明朝时期由于海禁政策的事实，正常的贸易已经无法进行，民众只能进行地下走私，转向海上武装组织，朝廷称这些人为"盗"。海盗林凤就是比较著名的一个，他之所以能够被后人铭记，不光是他的势力强大，主要是他敢向西方的殖民者发出挑战，虽未成功，但是这种勇敢无畏的精神是值得颂扬的。

与大明官军对抗的林凤

中国明朝时期，在大明政府严厉的海禁政策下，中国的海上贸易活动受到了严重的阻碍。在这样的大背景下，出现了一批在海上与官军对抗的海商，他们从商，但是他们也是海盗。他们凭借着海上强大的势力，掠夺海上过往的船只，占领沿海的土地，扩大自己的领土。同时在利益的驱使下，他们还向外扩张，这在当时严重打击了外来的殖民者，从这点来看还是值得颂扬的。

林凤就是明朝时期海上较为出名的海盗商人之一，他之所以能被历史铭记，不仅是因为当时他的海上势力强大，主要因为他敢于向西方殖民国家挑战，虽然最终以失败告终，但他敢于大胆地进行殖民冒险，还是值得纪念的。

林凤，又名林阿凤，出生在现广东省潮州市饶平县。当时在海上有一支名为海上绿林的队伍，其首领名叫泰老翁，这支队伍拥有自己的船队，在福建和广州附近海域从事海上贸易活动，有时也进行掠夺，在海上拥有较强的势力。年仅 19 岁的林凤，就加入到了这个队伍当中，并凭借着自己的能力，很快晋升到了领导阶层。在泰老翁去世后，林凤继承了泰老翁的家业，在海上又陆续收编了一些队伍，使这支海上力量变得愈加强大。队伍在最强大的时候拥有 300 余艘船只，人员达到了 4 万以上，当时船队规模如此之大，在海上也是数一数二的。

林凤当时以台湾西部的澎湖列岛为基地，进行海上贸易，林凤把澎湖列岛的特产运到东南亚沿海城市一带，然后换取当地的物品，在沿海城市一带贩卖。当时明朝政府的海禁政策给林凤的海上贸易也带来了麻烦，林凤在这种情况下，仍然不肯退让，与官军交战，并且占领了不少地方。隆庆元年，即 1567 年，林凤攻占现广东省揭阳市惠来县的神泉港，这是历史上重要的对外贸易通商港口。林凤占领这里后，开始大力发展贸易，从中获取了大量的利润。1573年，林凤开始不满足于现状，想要继续扩张，随后屯兵于汕头市南澳港的浅澳，在同年的12月份左右开始进攻汕头的澄海，与当地的官军交战，将官军打得落花流水，林凤再次取得了胜利。这次胜利让林凤也明白了，只有占领更多的海港，占领更多的地盘，才能获取更大的利益，所以林凤在进行海上贸易活动的同时，也一直不停地对周边地区进行扩张。万历二年，也就是1574年，林凤野心勃勃，开始进攻潮州、惠来县，并且取得了胜利。在同年的4月攻破清澜（现海南省文昌县），6月左右继续回到广东，但此时的官军已经加强了防备，这让林凤的进攻趋势受到了阻碍，并且在与广东官军的交战中，被官军打败。这次战败后，林凤率领船队退回到了福建沿海一带。当时驻守福建的将领是胡守仁，胡守仁是明朝著名的抗倭名将，是戚继光手下重要的将领之一。林凤的船队在海上不仅为商，而且还对海上的商船进行抢夺。对胡守仁而言，

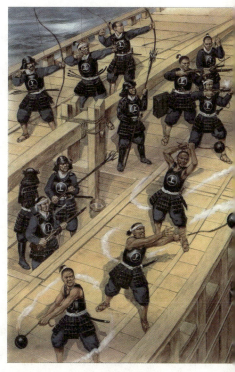

中国海盗商人

林凤和倭寇并无多大区别，在同年的10月，胡守仁率船队袭击林凤船队，林凤不敌胡守仁，被迫转移到台湾的基隆，并在此安营扎寨。

像林凤这样的海上商寇对于大明政府来说，一般不会集中大量的兵力来对其清剿。一方面，明朝时期，外来的日本倭寇，包括一些西欧殖民国家对中国沿海城市不断进行骚扰；另一方面，国内很

多势力也对大明江山虎视眈眈，所以大明政府没有过多的精力对林凤这样的队伍进行清剿，这也让海上像林凤这样的"海商"如此猖獗，屡禁不止。

林凤身为队伍的首领，他的骨子里流淌着不同于常人的血液，那就是敢于对抗，不畏惧失败。林凤深知，想要获得利益，就必须要顽强地抵抗。后来，林凤又率领船队进攻广东的饶平县、惠来县、陆丰县碣石等广东沿海港口。明朝政府对于林凤的掠夺和侵扰很是恼怒，于是集中了很多兵力对林凤进行围剿。林凤在南澳岛驻扎，与官军长期相持不下，后来看到并无胜算后，决定上书求和。时任广东总兵的殷正茂并没有接受林凤的请求，殷正茂知道，林凤队伍人员众多，此举可能并非真心，并且长久的对抗也令明朝政府损失了大量的钱财，所以决定要消灭林凤这股海上势力。

根据《大中华帝国史》记载，当时围剿林凤的官军战舰达到了130 余艘，官兵超过 4 万人。这让林凤无法抵抗，因为他知道如果真与官军交战，定会大败，这样一来就没有任何再立山头的希望。林凤决定突出重围。林凤率领船队 60 余艘、5000 多人，冲破官军的包围，退到了澎湖的大山屿港。

林凤在这里修整队伍。碰巧的是，在这期间他抓获了几艘从马尼拉返航的中国商船，船上载满了菲律宾商品、黄金和西班牙银元。林凤从船上的船员口中得知，菲律宾被西班牙占领，并且占领的马尼拉城内现在防守空虚，并没有多少人。这个消息让林凤仿佛看到了希望，他决定带上所有人，向马尼拉前进。

林凤在海上的贸易活动遭到了限制，他的海盗行为受到政府的严重打压，使他不得不转向其他地区，继续他的亦商亦盗之路。也正是因为这样，才让林凤走上与外来殖民者对抗的道路，林凤这个名字才被永远写进了历史。

攻击马尼拉

大明王朝万历二年，也就是 1574 年，这年冬天林凤率领 60 余艘战舰，水军陆军 4000 多人，还有 1500 余名妇女，驾驶船队向南行驶，想要前往马尼拉并在那里定居。

船队在行驶的途中还遇到了一艘西班牙人的小舟，林凤下令抢夺这艘小舟，但被当地驻守在此的军官看见，并且军官派出土著人向马尼拉通风报信，还没等这几个土著人赶到马尼拉，就被林凤在途中截获了，在此驻守的军官未能将此事通报给马尼拉。林凤对军官一行几十人开始追捕，不想让其为马尼拉报信。

在快接近马尼拉的时候，林凤决定派出一支先行队，准备偷袭马尼拉。于是林凤挑选了 600 多名精壮汉，准备夜袭马尼拉。先行队急速行驶，很快到了吕宋边界。吕宋位于菲律宾群岛的北部，是菲律宾群岛中面积最大、人口最多、经济最发达的岛屿。林凤派出的先行队到达了这里，当时天色已晚，正是偷袭的好时机。但不巧的是，海上天气突变，狂风大作，巨浪滔天，先行队船队中的一艘船只被海浪掀翻，船上 200 余人都被卷进了大海中，林凤还未偷袭，就已损失了 200 多人。当时天色黑暗，林凤的登陆地点出现了差错。由于登陆错误，导致没能及时偷袭马尼拉，这让当地驻守的西班牙军队有了很长的准备时间。

林凤派往的先行队开始上岸，并用火点燃了马尼拉岛上的房屋，刚刚由西班牙殖民统治者建立起的城堡，很快就被摧毁了。林凤派出的先行队还点燃了岛上的茅草屋，大火在风的作用下，很快就烧光了岛上的一切建筑。

这并不是这座城市第一次被大火吞噬，在三年中这已经是第二次了。在 1571 年的时候，在此居住的土著国王苏莱曼，坚决抵制西班

菲律宾首都马尼拉

牙殖民者的入侵，但最终并没有成功，国王在这场战争中阵亡，但是土著人并没有把自己所建造的城池留给西班牙人，而是用大火烧毁了自己的城镇，土著人既然自己得不到，也不会给其他人留下，所以只给西班牙殖民者留下了一片废墟。

而这一次，点燃这座城市的是来自中国的"海盗们"，他们是为了寻找自己的家园。和西班牙殖民者相比，中国的海盗更是不惜一切代价，只要能占领这座城市。

此时的天已经亮了，西班牙人也早已有了准备，对于中国海盗的意外到访，确实出乎他们的预料，但是西班牙人反应迅速，并没有因为人少就投降于中国的海盗。西班牙人连夜开始建造一个城堡，用于防御海盗的攻击。城堡整个外面都是用木柜子堆砌起来的，然后再在外面涂抹上一层厚厚的泥土，西班牙人还把大炮搬到了城堡当中，用于防御海盗的入侵。当时的西班牙人大都去了其他岛屿进行殖民掠夺，所以在马尼拉城中的西班牙人并没有多少，可能仅有 70 人左右，再加上驻守在吕宋岛边界的军官所率领的西班牙人，一共加起来也只有100多人。当时林凤的海盗先行队有400余人，所以在人数上面是占有绝对优势的。

先行队并没有把这些西班牙人放在眼里，他们对城堡进行突击，试图攻破城堡，消灭掉西班牙人，但是西班牙人连夜修建的城堡非常坚固，海盗先行队几次进攻都被防守在城堡中的西班牙人击退。林凤的先行队并没有重武器，所以一直无法破入其中，几次进攻损失惨重，一天的激战下来，已经损失了200多人。连续几次的进攻都被西班牙人抵挡下来，西班牙人伤亡甚微，而林凤的先行队却损失惨重。先行队并没有再次采取攻击，而是返回到岸边。林凤也并没有对其继续发起攻击。第二天，林凤将死去的人进行了安葬。

要说林凤所率的手下达到了4000多人，要想攻破西班牙人的城堡是完全可以的，但是他最终还是选择了放弃。在人数上占有完全的优势，却没有取得胜利。林凤对于攻下西班牙城堡可能还是没有十足的把握，他不想在这其中浪费太多的人力和时间，但是任何一场战斗，想要取得胜利都是需要付出代价的。唯一能够解释林凤不出击的原因就是：他仅仅想要找一个地方定居，而并不是拼个你死我活，不然林凤也不会带来这么多的妇女，以及生活生产一类的东西。林凤对于这次战斗并不想损失太多的人，可显然他的船队已经付出了不小的代价，所以林凤决定退出马尼拉，再寻出路。

本身来讲，西班牙人身后有一个强大的帝国在支持，但是对林凤来说，朝廷支持是完全提不上的，不光没有支持，朝廷反之还对林凤一路进行追击，这让林凤腹背受敌，很难支撑。大明朝廷显然在当时对于殖民侵略并没有一个正确的认识，这场看似很小的战争，背后却存在着可能改变历史的转折点。西班牙侵占菲律宾殖民地成功，就意味着它在这里掌握了更多的殖民据点，而这严重威胁到了中国沿海地区的安全。

无论怎么说，林凤这次和西班牙人的战斗，让西班牙人看到了中国人的勇猛，一支小小的海盗队伍就已经如此的剽悍，可想而知中国的军队将会有多大的力量，这也是西班牙人在太平洋殖民过程中遇到的最为强大的力量。

不向西班牙殖民者低头

林凤在攻占马尼拉失败后，并没有灰心气馁，而是带领众人退到了玳瑁港，在班诗兰建立了都城。班诗兰省位于菲律宾北吕宋地区的西南部沿海，南部和东部与中吕宋地区相连，西部濒临中国南海，该省地理位置重要，处在中吕宋和北吕宋的交接地，是通往伊罗戈地区和科迪勒拉地区的门户。在这里，林凤安营扎寨，率领部下建立了一个城寨，并且建立了很多房屋，还建造了一个防御塔，依靠着陡峭的山势设立了很多炮台，准备和西班牙殖民者对抗。林凤在此地被拥护为王，并且和当地的土著人相处得很融洽，林凤等人也受到了土著人的支持。

西班牙的殖民者听到林凤修筑炮台的消息后，决定率领军队对林凤进行围剿，想要消灭掉这个曾经烧光马尼拉的海上力量。西班牙驻菲律宾的总督比撒里经过一段时间的准备，集结了大约6000多名士兵，准备对林凤进行清剿。而当时明朝潮州的总领王望高也加入到了其中，想要帮助西班牙消灭掉林凤船队。

当西班牙突击队来到达林加延湾后，与另一些调遣过来的部队会合，准备对林凤的队伍进行偷袭。在1575年3月左右，西班牙人进入阿诺河口，西班牙总督命令将小船用绳子连接起来，这样就可以让小船堵住河道，防止林凤船只的通过。随后，西班牙部队开始携带几门大炮登陆，向林凤所驻扎的营地悄悄驶去。令人惊讶的是，在这个如此重要的河口，林凤居然没有派人在此把守，林凤没有想到西班牙人来得如此之快，并且率领如此多的人。

西班牙总督在对岸边以及河道进行细致的勘查后，决定兵分两路，对林凤队伍进行偷袭，一路人从陆地进行攻击，而另一路则采用水路的方式，并且乘坐小船快速前进，轻装上岸，以便摧毁林凤的舰队。

从水路偷偷前往林凤船舰的西班牙人，发现林凤船舰正在收集给养。西班牙人抓住了机会，开始向林凤船队开火，林凤船队上的海盗惊慌失措，乱作一团。海盗们手足无措，纷纷下船逃跑，毕竟对于这突如其来的攻击，海盗根本无法采取有效的应对措施。海盗们纷纷下船登岸逃离，向上游的船队跑去，跟在身后的西班牙部队紧追不舍，海盗在西班牙人的围追中一个个倒下。在快接近上游的时候，林凤驻

西班牙

守在此的海盗看到同伴纷纷四下逃跑，所以也都跟着前面的同伴逃跑。在此期间，西班牙军队打死了100多名海盗，并且俘获了几十名妇女，在这些被俘获的人中，很有可能有林凤的家属。西班牙人把林凤的船舰统统烧毁掉了，陆地上的部队也开始向林凤的主据点攻进。

西班牙组成的水陆两支队伍迅速集结在一起，向林凤所在的城池进攻。还没等进入到城池中，城外的围挡栅栏不知道什么原因竟然着火，大火把整个城池围在了其中，西班牙部队见此情况无法攻入，所以也没有采取强攻的方式，毕竟林凤的主力军都在城中，加上大火，西班牙人也不敢轻举妄动。

到了第二天，西班牙人开始对林凤的城池发起围攻，西班牙士兵排成一排，准备对林凤所在的城池进攻，但是林凤所修筑的建筑很坚固，防守也十分严密，可以说是易守难攻。林凤率领众人站在高处，并且城中还有几门大炮，这让西班牙部队难以靠近。西班牙的总督决定也采取大炮轰炸，想要利用大炮破开大门，进入城中，灭掉海盗。但是林凤早已经把大炮对准了西班牙部队，还不等西班牙部队进攻，林凤就已经发炮。西班牙人的部队承受不住炮火的攻击，开始向后撤退。总督也下达命令，不再与之交战，迅速撤离至安全处。西班牙总督的选择是正确的，林凤的城池坚固，加上大炮的威力，这让攻城变得十分困难。除此之外，西班牙大炮的口径也较小，弹药也不够充足，所以一旦打起来，可能会受到更大的损失。

细节决定成败。在历史的关键点上，西班牙人并没有轻举妄动。在后来，西班牙总督决定采取围而不攻的办法，等到林凤队伍的粮草殆尽，这时再去攻破城池。

就这样，西班牙军队围困了林凤足足4个多月，在这期间，当然也发生了一系列小规模的战斗，但是西班牙军队并不是以完全占领为目的，而是以消耗林凤部队的粮草和弹药为重点。把攻击转向围困，将林凤死死地困在城中，使其无法得到补给。在这样的情况下，大多数人都变得沉默寡言，而且情绪容易失控，但是林凤并没有因此消极不振，而是鼓励手下的海盗，并且向他们承诺，一定可以想办法突出重围。

林凤被困城中的期间，令西班牙人大为震惊的是，林凤居然带领手下又造了几十艘海船，并且从城后还挖通了一条壕沟，想要以此逃脱西班牙军队的围困。西班牙人千算万算，也想象不到他们会有如此大的本事，能够在这样的情况下突出重围。

林凤虽然疏忽大意被西班牙军队袭击，并且被烧毁了船舰，但在这样极为不利的情况下，林凤始终没有放弃，一直抵抗着西班牙殖民者，成为中国历史上为数不多的与外来殖民者抗争的海盗首领。

中国贵宾

林凤被西班牙军队围困了 4 个月之久，而林凤此时在城内所修建的海船并没有被西班牙人察觉。西班牙总督也是自信满满，认为林凤所率领的海盗已经撑不了多久了，一定会被其全数歼灭。

与此同时，开始时和西班牙总督联手的明朝潮州总兵王望高也对西班牙军队深信不疑，觉得西班牙军队一定可以消灭掉林凤的海盗集团。所以当时的王望高还决定拜访正在围困林凤的西班牙总督。于是在一些人的陪同下，王望高和西班牙总督见了面。总督对王望高说，林凤已经成了瓮中之鳖，现在插翅难逃，很快就会被西班牙军队彻底消灭掉，并向中国来访的王望高说，现在贵宾可以先到马尼拉参观旅游，坐等他将林凤这群海盗消灭掉，等待着西班牙军队胜利的消息。到时候，中国的贵宾一定要来贺喜。

同时，西班牙总督还指出，西班牙军队完全有能力消灭掉中国的海盗，完全不需要中国伟大皇帝的舰队了。从中也可以看出，这位西班牙总督拥有很高的军事素质和相当强的谈判能力。当然这并不是一次谈判，这更像是对中国的侮辱。西班牙总督对于与王望高谈话中的细节把握得非常好，是一位不错的指挥官。

但是王望高似乎并没有想那么多。朝廷为了清剿林凤，早已宣布了极高的赏金，并且谁能剿灭他，就能得到这些巨额的赏金。王望高似乎对这些赏金更感兴趣，他知道现在西班牙军队已经把林凤围困在城中，这岂不是在帮助自己吗？王望高自己不需要动用舰队就可以坐收渔翁之利，这是最好的安排了。何况大明政府也从未对这些划在外面的领土产生兴趣，王望高所做的，只是消灭林凤海盗集团这么简单。王望高接受了总督的要求，来到了马尼拉。

在马尼拉，总督热情招待了这位中国的贵宾，并且还承诺在击败林凤后，将会把所有俘虏或者海盗的尸体归还给王望高，让其带回。

西班牙人

王望高听到后，更是高兴得不得了，这正符合王望高的心意，这样一来，消灭林凤的头彩必然属于他了，大明政府也不会对此产生怀疑。王望高对于西班牙总督的承诺感到非常满意，所以还对西班牙总督表示说，愿意带西班牙使节一同回国，保证使节可以受到大明政府的优待。因为之前西班牙派往中国的传教士和商人都被福建当朝的官员拒绝了，西班牙的战略布局并没有得逞，但是现在王望高敢于保证使节受到优待，这让西班牙总督十分高兴。总督马上对王望高表示感谢，并且把这件事告诉了西班牙国王。他还赠送了王望高一份厚礼：一条美丽的金项链和一件高贵的华袍，同时还为明朝皇帝准备了十分贵重的礼品。

后来总督还率领全城的西班牙人，在大教堂里做了弥撒，为王望高以及西班牙团队送行。王望高还表示，他将是西班牙人可靠的朋友，并且会不惜一切代价来保护西班牙团队。随后，满载着礼物的船只离开马尼拉，开始返航，随行的还有 8 艘护卫舰。但是，在中途停泊的时候，他们在渔民的口中得知，林凤等人已经从西班牙人的围困中成功逃脱，并且就在距离此地不远处的海域。

这个消息可让王望高和其一同前往的翻译员大为震惊。因为林凤逃跑得太蹊跷了，在那么严密的围困中，怎么可能轻易地脱身，并且还不被西班牙军队察觉。王望高开始怀疑是西班牙人接受了海盗的贿赂，从而使林凤得以逃脱。王望高和其随同的翻译员十分气愤，他们也害怕返回中国会遭到攻击，况且朝廷也不会轻易放过王望高的。于是在简单的思考下，王望高决定迎战林凤的海盗集团。但是，负责护卫舰的军官拒绝了这个请求，他说自己的任务就是护送西班牙人回到菲律宾，而不是为了和海盗打仗，况且船上也没有过多的士兵。

其实在之前也提到了，林凤在被困城中的时候，并没有丧失斗志，

海/商

而是率领手下又打造了几十艘海船，并且偷偷挖通了城后的河道。林凤趁着西班牙军队疏忽大意之时，在晚上驾驶着海船逃脱了，虽然这惊动了西班牙船队，西班牙船队也对其围追堵截，但是最终没能够拦截住林凤的船队。林凤率领40余艘海船，逃到了台湾。林凤胆识过人，这让西班牙军队万万没有想到。同时，王望高更不会想到，林凤会在西班牙军队的重兵围困中得以逃脱，所以这也自然让王望高想到了西班牙总督受贿了。

林凤的想法很简单，他在海上经商，或者说在海上为盗，他的目的就是为了金钱，他不会去为那些不必要的东西而白白地牺牲。对于林凤和西班牙之间的战争，抛去他的海盗身份，在与外来殖民者的斗争中，虽然他身为海盗，但他也是一名中国人，虽然他的目的可能并不是保家卫国，也不是为了民族的大义，但是他的行为本身就是对邪恶势力的抵抗。从这点来看，他的行为也并非海盗般野蛮，所以对林凤的评价更应该客观对待，不能以偏概全。

林凤和王望高相比，虽然一人为官，一人为盗，但是从中我们也不难看出，对于西班牙外来殖民者入侵方面，林凤明显是高于王望高的。

林凤在逃出西班牙军队的围困后，回到了台湾，相继建造了很多船只，实力得到了恢复。但林凤没有再去和西班牙军队抗衡，因为他知道那将是以卵击石，自取灭亡。于是他开始以台湾魍港为中心，劫掠海上的船只。后来林凤又去了福建，对福建等地再次进行劫掠。当时福建打击海盗很严厉，明朝水师也拥有很强的力量，林凤自知不是其对手，所以在那段时间，福建的官府水师也对林凤进行清剿。林凤队伍内有很多人已经看到海盗集团终究抵不过朝廷，很多人选择被招抚。林凤知道自己身为海盗的首领，杀人越货无数，朝廷无论如何都不会放过自己的，所以林凤最终逃到了外洋，后来不知所终。

无处为家

在 15 世纪到 17 世纪这段时期内，被称之为大航海时代。欧洲很多国家开始在海上经商、拓展新航路，然后进行殖民掠夺，抢占资源。此时的中国是大明王朝，在欧洲很多国家对外进行掠夺，或者对外积极进行贸易活动的时候，大明政府却采取了海禁政策，严重阻碍了中国对外贸易往来，制约了大明经济的发展。林凤等人相继出现，他们在海上虽为海盗，但也经商。

林凤时代，是大航海时代，也是殖民拓展的时代。中国拥有数百年的航海技术，积累了无数的航海经验，中国海商的经商能力和管理能力是毫不逊色于任何国家的。同样中国的海上军事力量也是十分强大的，中国人原本可以同步于很多的西方国家，甚至超过很多的西方国家。对于海洋上的空间，中国在当时是完全可以获取更多的。

林凤在与西班牙交战失败后再次回到福建，这说明他的容身之所仅仅如此。林凤到达福建后，开始侵占福建很多的乡镇，身为一名海盗，当然希望自己拥有更多的领土，但是他没有能力和西班牙军队抵抗，毕竟自己的身后没有任何人支持。林凤在后来的日子里，可能早已厌倦了海上的生活，或者是已经看到了海盗的下场，选择了隐退。年轻时拥有无限的志气，野心勃勃，到了后来才发现，原来安稳地度过余生才是最幸福的，所以历史上记载的林凤不知所终。林凤很有可能已经不再为盗，也不再在海上经商，而是过着更加平淡的生活。只有历经铅华，才能感受到世间的真正美好，走在刀尖上的林凤，对于钱财早已看淡，他想要的可能仅仅是一个安逸、幸福的余生。

历史记录了林凤，不是因为他在海上拥有强大的力量，而是面对西班牙人，他敢于抵抗，毫不卑怯。假如林凤当时不放弃攻击马尼拉，一往无前不怕牺牲地向马尼拉进攻，以林凤当时的海盗规模来说，是完全可以占领马尼拉的，西班牙人也将被赶出菲律宾。但是，之后怎么办？西班牙人不会善罢甘休的，西班牙定将举国来犯，不惜一切代价来同林凤战斗，他们不会放弃任何一片可以获得的殖民地，何况是已经被占领的菲律宾呢。西班牙殖民者无论走到哪里，背后都有一个强大的帝国在支撑着他们。

林凤身为海盗，在同西班牙战斗的同时，还要被大明政府一路追击，相比之下，林凤是如此的孤独。林凤没有后援，没有任何人的支持，唯一有的就是林凤一颗无所畏惧的心。西班牙进攻林凤的时候，明朝政府虽然没有正式参战，但是却等同参战，明朝政府在心理上极大牵制了林凤的斗志，也让林凤的决策出现问题。这些都让林凤的失败变成必然。虽然他最终逃脱了西班牙人的围困，却始终难逃大明政府的追查，不得不走向南洋，另寻出路。

林凤艰难的经商之路

历史上对林凤的记载不是很多，而且可能出于某些原因，把很多东西都模糊处理了。根据相关记载，林凤本名林阿凤，出生在广东潮州的饶平县，是一个地道的潮州人。一些记载认为其生于中等家庭，而且不学无术，横行霸道。其实林凤之所以能率众万余人，短时间内拥有强大的势力，这些和其先祖创下的基业分不开。其祖父曾是海上著名的海盗商人，拥有众多船只和无数的追随者。林凤继承了祖上的事业，将海上经商之路发扬光大。

林凤经商不同于王直和林道乾，历史记载中往往偏向他为盗的一面，却忽视他经商贸易的一面。林凤做事果断，为人讲义气，当时沿海的渔民、农民、商人以及闲杂人都愿意追随他，加上祖上的事业，林凤很快就拥有了自己的势力。

林凤经商之路挫折不断，有好几次险些葬身鱼腹。他虽然出生在广东，但本土海上贸易受到朝廷的管制。林凤曾多次和官兵交手，并且大败官兵。但想要继续发展，就要有一个稳定的根据地，所以后来林凤率领众人来到了澎湖。林凤以澎湖为基地，开始招募人员、修建海船，并在此进行着海上贸易。

　　澎湖之地适合修养发展，但此处并无过多资源，林凤作为一名商人，必须要有充足的货源。于是林凤在此和内地沿海地区频繁来往，利用广东、福建等地的海港将丝绵、陶瓷、红线、银针、药材、棉布等运输到澎湖，再由澎湖利用船只贩卖到东南亚等国。只要货物离岸，朝廷也无可奈何。林凤凭借这样的贸易方式，将自己的基地作为中转站，再贩卖至西洋各国，从中获取巨额利润。

　　但林凤在此期间曾遭受海上众多势力的侵扰，包括林道乾部和海外葡萄牙等国。当时运输的很多货物因此沉入大海，利益受到严重侵害。林凤在艰难的环境下依然经商，而且招募人员，扩大自己的势力。林凤知道，只有自己的势力壮大了，才能不被欺凌。

　　林凤之所以被后世铭记，是因为其敢于攻打外来侵略者。林凤后来进攻吕宋，并且取得了胜利。林凤将吕宋的稻米、椰子、甘蔗、烟草、矿产等贩卖到各国，获利颇丰。此间，朝廷和西班牙军队开始进攻林凤，林凤左右盘旋，利用人员和地势的优势僵持很长时间。后来林凤被围困，但林凤始终没有放弃，最终逃脱围剿，逃至台湾基隆，后不知去向。

　　纵观林凤的一生，经商之路充满坎坷，走到哪里都被驱赶，但林凤亦商亦盗，凭借有利地势始终坚持从商。中国海上贸易不同于西方国家，西方商人的背后有强大的国家支撑，但中国商人下海经商却被扣上"盗贼"的帽子。其实他们并非想为盗，只是在封建官府的压力下，他们不得不奋起反抗。林凤只是众多明代海商中一个，但他却是无数海商的缩影，他们敢于反抗、不畏强敌，但其结局却让人感到悲凉。

Part 6

郑芝龙：创建海商帝国

郑芝龙是明朝末年著名的海盗，他的一生极具传奇色彩，虽被称为海盗，也算是一个了不起的人物。郑芝龙拥兵数万，曾割据一方，但郑芝龙在政治品德上却为人不齿，他心中没有一个明确的定位，见谁强大就归顺，这一点和他的儿子郑成功是完全相反的。

官商关系与"大分流"

　　首先我们应该要明白大分流的概念。大分流是亨廷顿提出的，主要是指文明之间的差别和冲突。美国历史学家彭慕兰认为西方崛起不是欧洲持续进步而其他地区停滞不前的原因。他认为公元 1500 年前后的经济、航运、贸易以及其他方面的发展，亚洲和中东国家也是世界的引领者。而当时的欧洲正好进入文艺复兴时期，所以当时欧洲的很多方面都要落后于世界其他地区。虽然，有关大分流的争论还在继续，但是大分流包含了西方国家的崛起故事，所以大分流更能反映世界历史的全貌。

　　官商关系则属于大分流理论中的一个变量。而官商关系本身又具有丰富的含义。单从官来说，可以理解为国家或者政府，也可以指官员个人；单从商来看，商可以指商业，可以是某个商业领域，也可以指商人本身。所以官商各自都有两层含义，官商的关系也就出现了四个不同的方面：国家政府和商业、国家政府和商人、官员和商业、官员和个人。所以官商关系还是较为复杂的一种关系。

　　而中西方的官商关系本身就是存在差异的，这点主要从中国的明清时期考虑的。西方政府对待商业的发展是无为而治，政府不干预商人的经济行为，既不支持也不抑制，经济的运行完全依靠市场的驱动，而政府只是维护市场的正常运行。而中国历史上的明清时期，政权专制，闭关自守，对待商人重税盘剥，严重抑制了商人的发展。这也就是西方的"重商"和中国的"抑商"。很多人也把这种东西方不同的官商关系用来解释官商关系大分流的发生。说到中国的"抑商"，应该是从很早就出现的一种理论。

　　早在战国时期，法家就提出了"抑商"，从早期的商鞅到后来的韩非子，他们都认为想要富国强兵，就应该注重农业的发展，而抑制

海/商

Maritime Commerce

商业的发展。商鞅因此还提出了以"重农"为核心的强国战略。他认为原因有两点：农民从事的农业很辛苦，但与工商业相比，收益却很小，因而不重农会让农民不专心从事农业，导致国家动荡；而那些有知识的人讨厌法规，商人善于变化，手工业者无所用，所以这个国家就容易被攻破。和商鞅一样，管子也提出了"抑商"的主张，他认为商人会剥夺农民的利益，这对国家不利。

儒家没有法家那样清晰的理论，孟子和荀子都认为商人可以让人更便利地获取到物资，但同时孟子也看到了商人的另一面，他担心商人会因为获利过多而膨胀，导致商人做出违法乱纪的事情。

到了西汉时期，"重农抑商"逐渐被制度化，成为一种主流的社会形态。当时国家也对此做出了一系列的政策，剥夺商人的某些政治权力，贬低商人的社会地位，另外还向商人征收重税。

这时的商人已成为"贱商"，政府开始限制商人，不可以为官，甚至有时还被剥夺人身自由。另外，还对商人的生活加以限制，如不得穿丝绸、骑马乘车等。

战国时期著名政治家商鞅

到了明清两朝实行了海禁政策，有很多学者认为这也是"重农抑商"的一种手段。明清时代的海禁主要是禁止本国的商民出海，同时也禁止外国商人私自进行沿海贸易。

明初的朱元璋在对外关系上制定了朝贡和海禁两种制度。从1371年开始，朱元璋就曾多次颁布禁海令，"禁濒海民众不得私自出海"。后来这一政策还写进了法律，从而固定了下来。但是从整个历史时期来看，明朝的海禁政策时紧时松，洪武年间到嘉靖年间的海禁政策还是比较紧的，而到了后来的隆庆年间，就已经开放了海港，通过发放船只和征收税款的方式管理对外贸易。1644年满清入关，为了断绝沿海反清势力的经济来源，实行了海禁政策。到后来的康熙年间又开放了一些关口，开始进行对外贸易。在此期间，清政府对于对外贸易还是实行很多的限制政策。从当时的政治环境来看，实行海禁政策主要还是为了维护国家安全。

单从海禁来看，或者说从事海外贸易商人角度看，海禁政策肯定使海外贸易受到很大的限制，海禁政策所带来的另一个后果就是进行对外贸易的商人不用缴纳任何赋税，这也促使了地方商人通过贿赂官员来进行对外贸易。

明清以来商人的社会地位显著提高，政府对商人的税收也不再比农民高，私人对外贸易也逐渐转入政府管理的范围之内，官商关系也从"抑商"逐渐转向有利于商人。政府通过税收的方式来利用商人，利用商人的力量来解决一些边镇的粮饷问题，这样商人对外贸易开始得到政府的支持，而这也有利于国家的发展。虽然官商之间的关系由抑制逐渐转向了利用，但政府并不是完全依靠商人。和西方政府有所不同的是，明清政府已经建立了一整套完整的税收体系，商人需要承担部分基础设施的建设和维修，如修路和修建学校。所以，与传统的中国官商关系是"抑制"的观点相比，明清的官商关系则更利于商人对外贸易的发展，这样的变化也更有利于当时国家的发展。

郑芝龙为官时的官商关系

明末清初时期，政府实行禁海政策，"片板不得入海"，使得中国的海上贸易严重受阻。在这期间，郑芝龙集团兴起，他活跃在东南沿海、台湾以及日本一带，建立了一支强大的海上武装力量，他的经商模式是商盗并存，既是海商又是海盗。

海/商

Maritime Commerce

郑芝龙（1604年4月16日—1661年11月24日），字飞黄（一说字飞龙），小名一官，天主教名尼古拉，是福建泉州南安石井镇人，为明末清初东南沿海第一大海盗。

郑芝龙出生在福建泉州安石井的一个大户人家，父亲郑士表，郑芝龙是家中的长子，除了他还有弟弟郑芝虎、郑芝麟、郑芝凤，其中郑芝麟早丧，其他三人长大成人。郑芝龙小时长得眉清目秀，看似斯文，但是却不用心读书，常常惹是生非。他父亲对此也是毫无办法。但郑芝龙并不安心于简单的生活，想要出去闯出一番事业。在郑芝龙17岁那年，在舅爷黄程的带领下，开始在澳门学习经商之道。

他后来又到了东南亚各地，随后到达日本，在日本还与田川氏结识并娶之为妻。随后追随日本平户岛海岛商人李旦，在此期间成为李旦的得力助手，李旦对其十分信任。还将其派往荷兰，作为翻译，李旦则在荷兰人和日本人之间谋取利益。

郑芝龙后又来到台湾，归附于"开台第一人"颜思齐。但是不久，荷兰东印度公司占领台湾南部，郑芝龙被驱逐。颜思齐死后，郑芝龙接手了颜思齐的部下，并且又集结了大量的人员，他将部下分为十八先锋，结为"十八芝"，并从此改名为"芝龙"，而不再称"一官"，成为当时海上最大的武装集团。

当时的明朝政府对于郑芝龙的海上力量已经无法控制，虽然多次进行围剿，但都以失败告终。荷兰殖民者虎视眈眈，海盗又如此猖獗，内忧外患，

颜思齐纪念碑

最后明朝政府决定对郑芝龙实行招抚。后来在蔡善继的安排下，郑芝龙接受福建巡抚熊文灿的招安，成为官员。

在 1633 年，郑芝龙还在福建沿海金门海战中击败了荷兰东印度公司的舰队，从此控制了这条海路，成为闽南海上的真正霸主。

此后，郑芝龙开始利用泉州安平镇作为航海经商基地，打破了政府的海禁政策，开始大力进行海上贸易。利用自己的势力扩大海上贸易，与日本及菲律宾等国家积极开展海上贸易，几乎垄断了中国与海外很多国家的贸易。

郑芝龙为官期间大力发展海上贸易，但是郑芝龙也在其中获取了大量的利益，正如他所下的命令："凡海舶不得郑氏令旗者，不能往来，每舶例入三千金，岁入千万计。" 郑芝龙虽说努力发展海上贸易，但其实是为了从中获取更多的利润。但是不能否定，郑芝龙为官时对发展海上贸易作出的贡献。

之前明政府为了维护国家的安全，推行海禁政策，这严重阻碍了中国与其他国家之间的贸易往来。

郑芝龙海上集团的兴起可以说是为中国的海上贸易带来了机会，因为郑芝龙为官时的官商关系开始出现转变，这不仅给郑芝龙集团带来了巨大的利润，而且还给明朝政府带来了税收，让明朝政府也能从中获利。

同时，明朝政府之所以招抚郑芝龙应该是有更多的考虑的。首先，郑芝龙海上集团确实十分强大，明朝军队对此疲于奔波，与之交战，劳民伤财，并无多大意义。另外，当时的荷兰殖民者不断对大陆进行骚扰，严重危害到明朝政府的安全，所以明朝政府对郑芝龙实行招抚，利用郑芝龙集团的力量来打击荷兰军队。明朝政府可以用抵御外患来让郑芝龙进行贸易，这不仅不用明朝政府出力，同时还能从中获取利益，可谓一石二鸟。

官与商之间应该是互惠互利的，政府支持海上贸易，商人可以通过经商来赚取金钱，满足自身的同时，还能促进两国之间的贸易往来，对于两国之间的友好交流也有十分重要的意义。这同时也可以为自己带来更多的税收，保证国家的正常运转维持。同时，贸易往来还能促进文化的交流，促进各种先进技术的传播，这对于两个国家之间的发展起到了推进的作用。

亦商亦盗的郑芝龙

郑芝龙之所以能够成为独霸一方的海上霸主，和他掌握的海上武装力量是分不开的，这其中当然也少不了李旦等人的帮助。

17世纪初，荷兰已经成为西方海洋经济世界的"超级大国"，它们的东印度公司是一个集殖民掠夺和垄断东西方贸易于一身的公司，而且这个公司还自组佣兵，拥有强大的军事力量，是一个军事和商业的复合体。当时，荷兰的东印度公司在海上到处拦截葡萄牙、西班牙的商船，很多商船承受不住这样的掠夺，但同时又无法与之抵抗，所以只能任其宰割。荷兰人后来还攻占了伊比利亚人的海外要塞和商馆，还在日本的平户建立了商馆。1622年荷兰人占领澎湖，李旦在其中忙于周旋，想要说服荷兰人退出，转移到台湾。

李旦在之前有所提及，李旦也是当时海上著名的海盗。李旦借助日本海盗集团的力量，组建了自己的海上武装队伍。在当时的日本、台湾、荷兰以及东南亚地区从事海上贸易，并且在海上也是既经商也为盗，成为当时海上一股强大的武装力量。

而郑芝龙据说是李旦的义子，很受李旦的器重。郑芝龙当时通晓闽南语、日语、荷兰文，所以李旦派他前往澎湖，担任荷兰人的翻译。李旦想通过郑芝龙来维持与荷兰人之间的贸易关系。而这时荷兰正在和明朝政府进行军事对峙，期间海上也并没有通商，所以郑芝龙这个翻译官也就没有什么作用了。荷兰占领澎湖舰队的司令雷约兹在1624年寄给东印度公司总督德卡本特的信说："等候好多时的帆船'好望号'于1月21日由日本出航，月底到达此地。……我们接纳了来自日本的一名通事，虽然给予优厚待遇，但目前对我们没有什么用处。"

荷兰人这时只是和中国的商人没有贸易往来，但是对于中国和其他国家的贸易往来又十分气愤，尤其是中国对日本的贸易。这时荷兰人就想出了这样一个办法：指示中国的船只在中国的沿海进行掠夺，而郑芝龙就是和荷兰人合作的海盗之一，他的任务就是截击去往马尼拉的中国商船。郑芝龙被任命为海盗的总指挥，他每天都集结几十艘船只在海上进行劫掠。荷兰人在一封信中这样写道："经过荷兰司令的批准，我们每天都能在这里集中几十艘中国帆船，通事（翻译官）郑芝龙被派往北方去截获一些船只。"

1624年，大明将士和荷兰人展开了激烈的战斗，经过8个月的战争后，荷兰战败，在明军的压力下撤出澎湖，转移到了台湾大员（今台南安平）。荷兰人在此还建立了两个军事要塞，用以顽固据守，并且侵占了当时的台湾南部地区。在同年，西班牙人又对荷兰人展开了攻势，两国为了争夺台湾的统治权进行了交战，最后西班牙人不敌荷兰人，荷兰人获得了战争的胜利，独自占领了台湾，这也是历史上台湾第一次被外国人占领。

在此期间，郑芝龙仍然奉命在马尼拉袭击去往西班牙和日本等地的中国船只，直到1625年3月才回到台湾大员。

明朝天启五年，即1625年，郑芝龙觉得在荷兰人这里没有太大的发展，或者是因为李旦的命令，郑芝龙没有在台湾继续久留，而是带领着部下，离开了荷兰人，开始了亦商亦盗的海上生涯。同年的四月底，他带领着部下游走于台湾海峡，时而经商，时而为盗。在这段

澎湖列岛

时间里，郑芝龙还碰见了荷兰船队，荷兰船长在与其长官的信中这样写道："这天，船队偶遇首领郑芝龙，他身后跟着手拿刀剑的七八名士兵，向我们表示问候。"

这时的郑芝龙已经开始拥有了自己的海上势力，并且他的经商之道似乎并不只是经商，遇到海上的商船，有时也会化身为海盗，因为他知道，壮大自己的队伍需要更多的金钱，只有自己变得强大，才不会受到任何人的摆布。

后来，李旦从台湾大员回到了日本的平户，但没过多久便去世了。

李旦死后，他手下的产业以及大批的人员都归郑芝龙所有，况且很多人也都推举郑芝龙为首领。郑芝龙的势力变得更为强大，他把海上很多的小型武装力量都吞并了，并且还在国内召集了大量的人马，此时郑芝龙集团俨然已经成为海上最为强大的力量之一。

明朝政府已经无法与之对抗，所以对郑芝龙集团进行招抚。郑芝龙归顺明朝后，继续在海上称王称霸，过往的船只需要缴纳大量的保护费，不然郑芝龙不让其通过，而他从中获取了大量的利润。至此，郑芝龙的通商范围广及东洋、南洋各地：大泥、淳尼、占城、吕宋、魍港、北港、大员、平户、长崎、孟买、万丹、旧港、巴达维亚、马六甲、柬埔寨、暹罗。据估计，他的士兵中包括很多国家的人：汉人、日本人、朝鲜人、南岛语族、非洲黑人等各色人种高达 20 万人的军力，拥有超过 3000 艘大、小船的船队，成为华东与华南海洋中的唯一强权。

郑芝龙靠着大量的武装力量在海上进行对外贸易，他是一个聪明人。身为一个商人，他有很强的经商头脑和与人交往的能力；作为一个海盗，他也足够野蛮和强势。拥有双重身份的他，靠着过人的能力和强大的武装力量迅速发展壮大。

是非功过自有定论

郑芝龙在归顺大明王朝后，在 1644 年李自成起义军攻破北京，江南的明朝官僚于当年 5 月在南京拥立福王朱由崧为帝，建立南明弘光政权。但弘光政权内部矛盾不断，已经无意抗清，这时想要征用郑芝龙的力量来镇守福建，并且还封郑芝龙为南安伯，又调用郑芝龙的弟弟郑鸿逵率领舟师驻守镇江。

弘光皇帝贪财好色，不理朝政。不久后，清军乘虚而入，弘光政

郑芝龙之子郑成功

权败灭。郑鸿逵则拥舟师未动，闻风而走，后遇到了明太祖八世孙朱聿键，郑芝龙等人共拥其为王，不久在福建扶持朱聿键登基，改元为隆武，后世称之为隆武帝，也称唐王。郑芝龙后被封为平夷侯，郑鸿逵被封为定虏侯。

当时，清军已经大举南下，隆武朝中群臣对于北伐清军的呼声很高，督促郑芝龙出兵。郑芝龙总是以缺乏粮饷为由，按兵不动，这令朝中很多大臣很不满意，但是又不敢与之理论。后朝中任吏部尚书兼兵部尚书的黄道周请缨出战，虽然郑芝龙手中有大量的军队和粮草，但是对于黄道周的请求他只给其调拨了少量的军队。后黄道周招募数千人抵抗清军，但是全线败退，被俘狱中，后绝食而死。

后来，隆武帝又派出郑彩去支援江西，郑彩本是郑芝龙的侄子，听从于郑芝龙的安排。所以郑彩在接到命令后并没有全速支援江西，而是极力拖延时间，虽拥兵，却没有前往。后来，隆武帝又命令郑鸿逵、郑彩为正、副元帅，分别前往抗击清军，但是二人出征后并没有继续北上，而是谎称等候粮饷未抗清军。隆武帝看情势危急，所以在当年决定亲自出征并要郑芝龙一同前往，但是郑芝龙却没有随隆武帝而去，以"监国留后"的名义驻守福州。隆武帝得知后，也不敢追究其责任。

1646年3月，清朝秘密派出使者与郑芝龙进行通信，想要让郑芝龙归降清朝，并委派郑芝龙的同乡与其写信："许以破闽为王"。郑芝龙知道明朝大势已去，所以与清朝使者回信，并许诺说道："我方的军师和舟师遇到清军一定马上撤出。"还向清朝政府表示说自己已经倾慕于贵朝很长时间了。

这时清军已经渡过钱塘江，占领浙江，并且清朝政府还派使者让郑芝龙尽快离开。郑芝龙此时正和隆武帝在延平（今南平市），接到清朝敕书后，郑芝龙马上和隆武帝辞别。郑芝龙借口军队遭到了海盗

海／商

Maritime Commerce

的偷袭，并说绝对不能断绝海上的财路，不然三军将士的粮饷将无法得到支援，并且此次海盗非得郑芝龙亲自前往不可。另外，郑芝龙还把镇守入闽要塞的军队撤了回来，带着自己的部下从北上入清。

结果，清军在没有多少障碍的情况下，很快就攻入了福建，隆武帝带领少数人员逃出，但被俘，最终绝食死在狱中。后清朝著名学者杨凤苞称"福京之亡，亡于郑芝龙之通款"。

郑芝龙其子郑成功在听到父亲降清的消息后，还劝父亲不要归降于清朝，但未能阻止父亲投向于清朝。郑成功早在隆武年间，就已经多次率军抗清，并且取得了不错的效果。如今父亲降清，他仍然没有动摇抗清的信念，始终坚持坚守大明王朝，是一位伟大的民族英雄。

郑芝龙归降清朝后，被博洛挟持进京，博洛向郑芝龙约定一定为其封官加爵，后郑芝龙被编入汉军，还被封为同安侯。之后，清朝政府多次命郑芝龙劝降郑成功，他多次和郑成功通信，但是郑成功始终没有接受。

1656 年，福建巡抚佟国器截获郑芝龙给郑鸿逵和郑成功的书信，并且上报清朝政府，说郑芝龙和郑成功父子二人交往甚密，父子情深，还建议清政府对郑芝龙严加管制，对其用兵进行控制。清廷政府见招抚毫无成效，以包庇异志、图谋不轨、奸细往来、泄露军机等为由，将其打入狱中。在狱中，清廷政府决定最后给郑芝龙一次劝降郑成功的机会，但是仍然没有成功。

当时的清政府已经得知消息，知道郑成功已经快攻下台湾，诱降郑成功已经无望了，留着郑芝龙也没用处了。所以清廷政府决定处决郑芝龙，并在当时下令为族诛，就是满门尽诛。

1661 年 10 月，郑芝龙及其家眷 11 人被清廷杀于北京柴市，郑氏全家老小在北京没有留下一个活口。

Part 7

板桥林家：百年商族

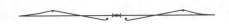

　　台湾五大家族中曾最为富有的家族就是板桥林家，板桥林家经商数百年，曾在台湾拥有重要的地位。板桥林家同样也是人才辈出，经商为官，各有千秋，家资雄厚，当时无人匹敌。家族中的众多名人也都是爱国之人，为了国家的发展都作出了不朽的贡献。

盐务代理商

板桥林家是台湾十分著名的家族，与基隆颜家、雾峰林家、鹿港辜家、高雄陈家并称为台湾五大家族。板桥林家属于雾峰林家的旁系之一，其家族始祖都是福建人。板桥林家在台湾势力极大，当年经商奠定了丰厚的家产，被称之为台湾第一大家族。

板桥林家的始祖早在1784年左右就来到了台湾，这个人叫林平侯。林平侯在此经营米业，还捐款步入仕途之路，但后来一心经营产业。林平侯有5个儿子，分别为林国栋、林国仁、林国华、林国英与林国芳，林平侯死后的家产被分为5部分，分别是饮、水、本、思、源五记，这五记分别交给5个儿子打理。起中本记和源记由林国华和林国芳打理，后来商记改名为"林本源"，就是林本源家族。此时的林本源商铺不光经营粮米，还经营盐、糖、布、茶、木材、樟脑、航运、钱庄等。林本源家族成为台湾负有名望而且家资雄厚的家族。

林国华死后，家族商铺由林维源管理，也正是林维源将其家族声势推到了最高峰。在林维源当家的这段时间，林家发生了很多事情，其中较为著名的就是关于台湾的盐务故事。

当时的台湾官府已经传出话来，需要寻找一个合适的代理商来统领整个台湾的盐务，消息一传出，就立即引起了很多人的议论，都知道其中的利益。林维源听闻这个消息后，马上召集了林家众人，进行商议。林家这次关于盐务的会议由林维源主持，参加这次会议的还有管事吕世宜，林维源的弟弟林维得，林维源的侄子林尔康和林尔昌。林维源坐在首席，向林家众人望去，然后说道："盐巴是百姓生活必需品，无论何时都不愁销路。很多贩盐的贩子都是靠此起家。现今官府要寻找一个统领全台的代理商，这可是一块肥肉，必定将有很多人争夺这个盐务代理商，到时竞争一定十分激烈，所以把大家召集过来，集思广益，商讨对策。大家各抒己见，说说应该怎么办。"

林本源家族中的林尔昌性子急，他认为应该一马当先争抢这块肥肉，整个台湾能与林家抗衡的寥寥无几。林尔康则不同意林尔昌的想法，他认为这样莽撞不会赢得代理商，反而会因强出头而被后来者打压下去。

清朝官员

吕管事也认为不能太过激进，应先静观其变，不可冒失行事。吕管事得知大商贾康显荣早就已经有统领全台盐务的野心，况且康显荣还和知府大人是亲戚关系，知府可能和康显荣在私下已经约定好了，所以不能太过着急。林尔昌听到吕管事一番话后，很是失望。此时的吕管事再次建议说，我们可以从康显荣下手，康显荣虽然资产雄厚，但是全台的盐务这么大一块肥肉也不是他想吞下就吞下的，我们可以找他联手，五五分成。

林维源觉得吕管事的建议不错，所以决定先打探一下知府大人的口风，然后再去拜会康显荣，看看有没有机会。其实林维源之所以能把家族声势推上最高峰，当然少不了林维源的个人能力。经商之人，当然要学会与人打交道，关系处理不好，就会失去一个赚钱的机会。

林维源前去拜访知府大人，还不忘带了一份礼物，他特意选了一颗蓝色的宝石。林维源之所以选择这颗蓝宝石当然是有原因的，他从别人口中打探到，知府夫人因为一次活动的穿戴而被人笑话。所以林维源就抓住知府夫人的这点心理，前去拜访，由此可见林维源的心细。且说这次林维源来到了知府的家中，知府夫人正同知府大人在一起，看到林维源前来，知府大人也知道林家来此，必有事由，正所谓无事不登三宝殿。当林维源打开珠宝盒向夫人送上蓝宝石的时候，夫人兴奋地差点叫出来。但身为知府夫人，在外人面前也不能丢了颜面，所以她脸上并没有表露太多的欣喜。知府大人也十分正派，他让林维源收好宝石，询问其何事。林维源就开门见山，对知府大人说林家愿意统领全台的盐务，为百姓做些好事。知府大人只是让林维源到时竞标，其他便不再多说。林维源见此也没多问，便拿着宝石礼貌告辞了。

林维源本想在知府这里打探些关于竞标的口风，却无功而返。但这并没有让林维源放弃，他决定到康显荣那里看看，有没有合作的可能。来到康显荣这里，两人互相寒暄，林维源开始切入正题，向康显荣说明了要和康家联手共同统领全台的盐务。康显荣显然不愿意把这等好事让给外人，只想自己独吞。于是借和其儿子商量为托辞，并没有正面回答林维源。康显荣虽然心里不同意，但是嘴上并没有说什么，当下还带着林维源参观了康家的宅院花园，并且带其品尝了康家特有的点心，直到黄昏林维源才离去。

林维源回到林府后，正巧碰上林尔昌，林尔昌问其如何，林维源无奈地摇摇头。其实，林维源之前在拜访知府大人的时候，就看出知府夫人对宝石的渴望。所以，在知府大人那里回来后，林维源就私下安排吕管事将蓝宝石送到了知府夫人的手中，而这一切知府大人完全不知情。

直到后来知府夫人兴奋喜悦之情溢于脸上，被知府问其缘由时，知府才看见夫人手上戴的蓝宝石。知府恼火至极，但是又无可奈何。知府一方面愧疚自己确实没给夫人买过如此贵重的礼物，另一方面，他害怕这件事让他日后说不清，但是戴在夫人手上的蓝宝石，岂能归还回去。所以，知府只能认栽了。

就这样，林维源在这场没有硝烟的盐务战争中胜利了。林本源商号之所以能够发扬光大，经营如此之广，都是因为林维源和其家族成员的功劳。他们不光把林本源商记经营得有条有理，对一切能获取利益的途径都不放过，就现在来看也是符合情理的。

茶海风云

林本源商记以经营的米业出名，同时还有一些其他的副业，例如茶业。林维源在茶业经营方面就没有其弟弟林维得厉害了，林维得后来经营起来的茶庄，甚至远洋销售到海外。但在茶业经营之初，还是充满艰难的。

林本源家族产业不断扩大，而二弟林维得却不愿意经营米业，对茶业情有独钟。林维得是个一等一的品茶高手，他想自己做茶叶生意，独自闯出一片天地。他虽有想法，但是家中的钱财还是掌握在大哥林维源的手中，凡事还是要和大哥商量。所以，林维得找到了大哥，说明了自己的想法，需要10万两银子，并向林维源保证在一年之内赚回1万两银子。

这件事却遭到了林尔康的反对，他认为二叔性格冲动，不适合做生意。后来林维源经过思考，最终还是决定给二弟这笔钱，让其发展茶业。

要说林维源的这个二弟林维得，对茶的痴迷已经达到了不可救药的程度，家中摆放着各种名茶。他本身对茶也有十分深的研究，不管是安徽的毛峰，还是福建的铁观音，他只需要闻一闻茶的香气，就能识别出茶的种类。在他家的厅堂上挂着"品茗斋"三个大字，这三个字可是林维得亲手写的。林维得不光对茶十分钟情，书法方面也颇有造诣。他常常聚集一些志同道合之人，一起品茶研究书法，每次花费上百两酒钱，他连眉头都不皱一下。

这天，林维源大哥弄到了一些佛手茶，这哪里能逃过二弟林维得的鼻子，在他的一再追问下，林维源不得不分给林维得一点。这佛手茶极为珍贵，是朝廷上上等的贡品，有钱都不一定能买到，林维源是通过朋友花高价钱才弄到一些。林维得拿到此茶后，如获珍宝，他想借此炫耀一下。于是他宴请了5位朋友，当然都是台湾的名人，其中就有茶业大商陈士银。

5人接到请帖后，纷纷来到林家大院，林维得欢迎众人并让众人落座。林维得开始拿出茶叶，顿时香气四溢，沁人心脾，还没等冲泡就已经被这浓浓的茶香熏醉了。见多识广的大茶商陈士银对此也是连连称赞，他对茶叶非常了解，称这茶并非十分名贵，还对林维得说自家中有几十斤这样的茶。林维得不紧不慢地向5人展示，表示好茶还在后头。直到林维得递上第三道茶的时候，众人才被那特殊的茶香震撼，茶汤晶莹透彻，色泽明朗，香气与之前的茶完全不同。众人品尝到的正是佛手茶，5人细细品味，无不称赞其好。事罢，众人还沉溺在茶香中久久不能自拔。

说完林维得和众人品茶的事，该说一说林维得的茶叶了。就在那几日，林维得偶然一次在戏园中听到英国茶商要收购两万斤的茶叶，正在和茶叶大商陈士银商谈，并且听说两天后就要签合同了。这件事让林维得无法再入睡，他想揽下这单生意，向家人证明自己不光懂得品茶，还懂得经营，他想通过这单生意积累经验，开办自己的茶庄。

他和大哥林维源说了这件事情，大哥不同意他的做法，但是最终还是拗不过林维得。林维得知道英国人说外语，所以还特意学了"古德毛宁"（早上好）、"买噶的"（我的天啊）这两个词语。林维得为人做事心眼很多，他知道要和对方拉近关系才能更好地交谈，这样才能给对方留下好印象，生意自然好做。

在一个阳光明媚的早上，林维得邀请英国商人汤姆来到了一家饭

佛手茶

馆。一见面，林维得就对汤姆说了个"古德毛宁"，虽然汤姆已经很熟悉中文了，但是乍听乡音，还是让汤姆对这个中国人充满好感。两人谈得很愉快，林维得表示愿意和汤姆做这桩茶叶买卖，并且还比陈士银的要价便宜。林维得在探知陈士银的底价后，开出了比陈士银更便宜的价格。汤姆听到林维得给出的价格后，心中窃喜，但是并没有表现在脸上，他想再便宜一些。但林维得也知道汤姆的心思，这是最低价格了，并向汤姆表示不能再退让了。汤姆表示愿意和林维得合作。就这样，这笔生意就成功了。而且林维得为了避免夜长梦多，在当天就和汤姆签订了合同。

这件事情很快就传到了陈士银的耳朵里，陈士银气得直跺脚，前几天还邀请我一起品茶，现在反倒抢起了我的生意，这让茶叶巨商陈士银无法忍受。随后，陈士银带领陈家人马一夜间收购了街上的所有茶叶。第二天，林维得得知后，焦头烂额，合同已经签完了，已经答应两天之后交货，两万斤的茶叶，拿不出来还要赔违约款。林维得满大街地收购茶叶，但是最后也没能收购到两万斤，还差很多，他确实没想到陈士银会用釜底抽薪这一招，早知道就提前预备些茶叶了。但事已至此，又有什么办法呢，本来就是自己不义在先，活该啊！

大哥林维源得知此事后，除了埋怨二弟之外，当然还是要帮林维得想办法，或许事情还有转机。他突然想到了佛手茶，茶叶大商陈士银上次品尝到此茶后，一直对此茶念念不忘，一心想得到此茶。林维源赶忙向林维得说了这个主意，并且拿着自己仅剩的一些佛手茶找到二弟，林维得也没想到这招。于是，林维得拿着这佛手茶来到了陈士银的家中，一番道歉加上佛手茶的诱惑之后，陈士银念在林维得年轻无知就原谅了他，并承诺可以为其提供茶货。

就这样，林维得的第一笔买卖做成了，虽然充满坎坷，但是他从中倒是学到了不少知识，掌握了不少经验。后来，林维得开办了自己的茶庄，并且成为陈士银最大的竞争对手。陈士银后来还有些后悔，当时就不应该放虎归山，现导致养虎为患了。

为父伸冤

当年板桥林家林平侯育有五子，五儿子林国芳并无儿子，所以只得将兄弟林国华的儿子林维源过继给林国芳，让其辅助林国芳共同建立林家大业。林维源一直把林国芳当成自己的亲生父亲，当年林国芳冤死，林维源一直在想方设法为父亲洗净冤屈，可以让父亲早日沉冤昭雪。

林维源作为当时林家的第三代人，他将林本源商记发展壮大，产业已经扩大到了各个方面，成为台湾当时最大的商记之一。林维源每天早上起来都不忘叩拜一下列祖列宗，对于祖辈留下来的遗训，他一直牢记在心。"爱乡爱土、为富当仁、乐善好施"这12个字早已深深地印在林维源的脑海里。板桥林家虽然在台湾富甲一方，却从来没有忘记心系穷苦的百姓。每当百姓受灾有难时，林维源总是冲在最前面，赈灾出钱，安慰灾民。他深知人民生活的疾苦，林维源时刻不忘初心，不能富了自己而忘了家乡的百姓。林维源所做的一切，也都是为了说明一个问题，那就是父亲的死是冤枉的！

林维源找到了邮传部的盛宣怀，向其说明了父亲冤死的这件事，盛宣怀很是同情林维源，他认为林国芳的死确实有些蹊跷，并决定帮助林维源。在盛宣怀的帮助下，都察院同意将林国芳的案子调往北京让朝廷亲自处理。林维源很高兴，他相信朝廷自有公道，一定会还父亲一个清白。

但是结果却让林维源大失所望，朝廷对此案虽然进行了关注，但是由于案件过去已久，如果要推翻结论，证明林国芳的清白，就等于承认了之前官员存在过错，所以朝廷最后还是保持了原来的审判。林维源此时都要崩溃了，盛宣怀给他提建议，让他找到福建或者台湾的官员进行陈请。

林维源为了得到朝廷的关注，为了能够接近一些官员，他决定向大清海防捐赠60万两银子，这60万两银子已经严重超出了林氏家族的承受能力，所以林维源决定分三次缴清。林维源决定动身前往大陆，首先想通过亲家陈太傅来帮助自己，但林维源后来得知陈太傅已经被贬，此时正是落魄之时，已经帮不上什么忙了。后来，林维源决定寻求巡抚大人刘铭传的帮助，因为捐钱的关系，再加上林家在台湾的势力，刘铭传对林维源给予了帮助。刘铭传和当时朝廷中的大臣李鸿章关系很好，很受中堂大人的赏识，如果刘铭传能将林维源引荐给中堂大人，那林维源父亲的案件就会有很大的转机。

在盛宣怀和刘铭传的帮助下，林维源马上来到了京城，面见了李鸿章。林维源面对李鸿章，心中难免会紧张。李鸿章知道林维源对大清海防捐了不少钱，所以对林维源的为人也有些敬佩。林维源向李鸿章大人陈说了父亲冤死这件事，希望朝廷重新裁定此案，还父亲一个清白。林维源对李鸿章陈说林国芳当年在台湾战斗，维护两个地区的和平，但是有人从中作梗，使得父亲被官府抓去，后在押解到福建的过程中蹊跷死去。

李鸿章听完林维源的陈说，对林国芳之死深表同情，并询问林维源当年定案时是否留下书面文书，以便重新定夺。但是时间已经过去很久，当年林国芳这个案件并没有留下任何书面材料。李鸿章也没有办法，并向林维源表示这件事还需要面呈太后，进行定夺。

次日李鸿章便只身一人前往宫中，并向慈禧太后说明了此事。慈禧太后当时正值

晚清名臣李鸿章

六十大寿，听完李鸿章叙说后，又得知林维源向朝廷捐赠了很多银子，更为重要的是慈禧太后还把林维源后来捐赠的 20 万两银子当成了是献给自己的寿礼，这让慈禧太后心情大悦，便立即让李鸿章重新定夺此案，如确有冤情，便可直接翻案。李鸿章听闻太后这样说，也不便再说什么，只可惜那 20 万两捐赠给海防的银子了。

慈禧太后眼中无足轻重的小事，对于林家来说却是一件翻天覆地的大喜事。林维源得知自己的父亲可以沉冤昭雪，喜极而泣，父亲蒙

受这么多年的冤屈终于得以平反，想到这里，林维源忍不住喊出声来。事后，林维源宴请了李鸿章和刘铭传两位大人，当晚喝得大醉。

次日，当刘铭传无意间说出了那20万两银子的事时，林维源心中满腔怒火，但又无可奈何，20万两银子竟然被慈禧当成是寿礼，这等恬不知耻之人当今也只有慈禧了！虽然林维源这样想，但最终还是敢怒而不敢言。

因为林维源向大清海防捐赠了巨款，慈禧太后大悦，还晋升林维源为内阁中书，追赠三代二品封典，并赐建"乐善好施"牌坊。林维源也没有想到，自己竟然还会获得如此高的追赠，但最令林维源高兴的，还是父亲沉冤昭雪这件大事。

回去后，林维源还盛情款待了盛宣怀，以表感谢。在盛宣怀那里得知股票行业现今十分火热，林维源想着自己一定要学习股票，虽说是新生事物，但他相信自己，一定可以把股票做好。

林维源想尽各种办法为父亲洗净了冤屈，当然这得归功于林维源本身的能力，凭借着自己和地方官员的关系，一步步将案件送往朝廷。林维源解决了一件大事，但是接下来还有很多事等着他去处理。林维源将林本源商记发展壮大，将闽、粤、台、浙的陆路和水路已经全部打通，可以说板桥林家经商的范围已经在林维源的手中发展到了海外，使板桥林家成为台湾地区最具实力的家族。

"建祥号"遭遇危机

板桥林家林维源的兄弟林维得自从上次在茶业大亨那里抢得生意后，便开始建立了自己的茶庄，取名为"建祥号"。林维得在经营茶庄的这段时间里，茶庄发展并非蒸蒸日上，甚至还出现了面临破产的窘境。林维源和林维得兄弟二人还因此发生了一些故事。

当年西洋茶畅销，清茶成本高涨，农化肥价格也是翻了一倍，采茶工的工钱也是水涨船高。大陆唐山地区的制茶技术和包装方面也日益成熟，这给台湾茶业带来了很大的冲击，一时间清茶贵熟茶贱，再加上茶庄上上下下都需要费用，林维得已经吃不消了，甚至连工人的工钱都发不出来，眼看着堆积如山的茶叶卖不出去，如果再不出售就该发霉了，林维得的心血眼看就要毁于一旦。

屋漏偏逢连夜雨，当年农历10月份下起了暴雨，大暴雨连下了几日，形成了山洪，把林维得仓库里的茶叶都淹没了，茶叶一旦被水浸湿，如果不及时晾晒很快就会生出霉斑。林维得心急如焚，眼看着自己的茶庄就要毁在自己的手中，又没有办法。

晚上，林维得一人来到茶行，看到仓库中的很多茶叶都已经发霉，这让林维得不知如何是好。守茶行的管事章全劝慰林维得说，一切都会过去的，建祥号不会就此倒下的。茶庄生意惨淡，再加上如今仓库被山洪浸泡，茶庄里很多人看到这种情况，都已纷纷离职。章全很是生气，但又没有办法，谁让工资发不出来呢？林维得对此也表示理解，天要下雨，娘要嫁人，随他们去吧。

之前每当林维得遇到问题的时候一定会找到大哥林维源，但现在大哥出去办事，不在家中，他也不知向何人求助。林维得之前也放出狠话，说以后绝不向林本源钱庄借钱，但现在还真要硬着头皮去借钱，来拯救茶庄，不然就没有机会了。林维得向林本源钱庄走去，但钱庄有规定，所有的林家人员借钱必须要得到林维源的同意，不然一律不予支出。林维得百般解释，可是钱庄的掌柜就是认死理，完全不顾及二少爷的面子。林维得空手而归，闷闷不乐地回到家中。林维得的养母丁氏知道儿子此时陷入大难，所以把自己陪嫁的一尊玉观音典当了出去，换取了不少银子，交给了林维得，可以让茶庄暂时挺一阵子。

台湾茶田

　　眼下市面上的所有茶庄都开始疯狂低价抛售茶叶，就怕茶叶在自己的手中变得一文不值。林维得找到了陈士银，想要听听他的意见。两人自从上次那件事之后，已经成了好朋友，两人也经常在一起讨论茶业经营之事。陈士银向林维得建议，不要低价售出，要趁现在这个时候大量买进。这有点让林维得不理解，茶叶如今大量堆积，再加上天气的原因，已经出现了严重的滞销现象，如果不低价售出，可能要赔掉茶庄。但陈士银决心要大量买进，林维得见陈士银坚定的眼神，决定赌一把。

　　果然，很多茶商闻听这个消息后，开始把茶叶低价销售给林维得，但是林维得向茶商表示说，要三个月以后才能兑换银票，因为林维得在台湾的地位，所以茶商也都相信他，把茶叶纷纷出售给林维得。一时间，林维得掌握了全台大部分的茶叶，他之前专门派往大陆学习茶叶包装的人员已经回来，在他们的包装下，这些茶叶又重新销售到西洋，获得了不错的利润。除去那些欠账，还小有盈利。这让林维得高兴不已，没想到陈士银还真有一手。

第二天，林维得迈着喜悦的步伐来到林府，一进府门，就感觉气氛不对，他快步来到后院，看到哥哥林维源坐在理事馆中央，表情严肃，脸上没有一丝笑意。下面围坐着众多茶郊理事会的人。原来是他们查到在运往大西洋的那批货物中，发现存在以次充好的劣质茶叶。这让林维得不敢相信，自己明明装的都是上等的茶叶，怎么可能出现劣质茶叶呢？林维源命令下人搬出成箱的茶叶，打开后确实发现上等的包装中塞的是劣质茶。林维得傻眼了，哥哥林维源也不容弟弟解释，让其赶紧交罚款便气愤离开了。

林维得也有些不解，身为哥哥为何不听弟弟解释，完全不顾及自己的面子，这让林维得很是生气。林维得认为一定是有人调包了，于是决心一定要将此事查个水落石出，还自己和林家一个清白。

林维得因为此事使茶庄的茶叶价格大跌，这些劣质茶叶全都被茶庄退了回来。但真是天无绝人之路，偏偏在这时有位赵老板找到了林维得，并且说明需要一大批茶叶。这让林维得激动不已，他准备把手头上的劣质茶卖给他。正当他将一切都准备好，已经在码头装车的时候，林维源带着众人来到了码头。林维源让装船的工人停手，然后命手下撬开箱子，打开包装，里面果然装的是那些劣质的茶叶。林维得见状无话可说，大哥林维源也没多说什么，愤然离开了。

林维得当天一直在街上晃来晃去，心虚的他很晚才回到林府。到了林府，看到大哥林维源在府门口站着，后面跟着很多林家人，林维得知道自己无理，甘愿受罚，跪在林家众人面前林维源拿起藤条，家法伺候。一鞭鞭打在林维得的后背上，直到林维得挨不住昏倒下去。这藤条虽然打在林维得的身上，但每一鞭却像打在林维源的心上，他恨弟弟不争气，恨自己没有本事……

后来，林维源果然查到了之前调包的茶商，原来是有一个叫恒春号的茶庄故意栽赃陷害，林维源终于为林维得证明了清白，这下也让林维得更加佩服大哥林维源了。林氏家族之所以能够屹立台湾不倒，当然少不了林维源的功劳，他就像是林家的顶梁柱，关键的时候撑起林家整片天。

丹心犹在

板桥林家不仅在台湾是商业大家族，而且还有着很强的爱国情怀，曾为抗日队伍捐献财物，做出了巨大的贡献。1894 年，甲午战争爆发，中日两国开战，后来大清政府不敌日本，兵败后签订了丧权辱国的《马关条约》，将台湾割让给日本。在这样的情况下，台湾的板桥林家被迫转至厦门，他们虽在厦门但仍然心系台湾。

林维源有一个儿子名叫林尔嘉，林尔嘉原名陈石子，本是清朝著名爱国将领陈胜元的儿子，后来过继到林家的，一直跟随林维源生活。身在林家大院长大的林尔嘉，从小就受到父亲林维源的影响，正直刚毅，嫉恶如仇。

林尔嘉长大成人后，更是不忘支持抗日事业。一次偶然的机会，林尔嘉听到了当时著名学者梁启超的演讲，梁启超慷慨激昂的陈词让林尔嘉热血沸腾，他决定支持抗日事业，他把用于创办厦门电话公司的钱捐给了当时厦门得忌利士洋行的买办薛崇谷，让其用于抗日事业。

台湾被日本人占领后，曾多次邀请林维源回台湾继续掌管台湾的商业，但林维源一概拒绝。有一次，日本人藤野太郎亲自出马，准备劝林维源到厦门充当他们的商业傀儡。

随藤野太郎一同前往厦门的还有其女儿藤野原子，这个日本姑娘坚持要目睹一下台湾首富的风采，并想看一看厦门美丽的景色。藤野带着女儿来到了厦门的林府，看到林府占地广阔，房屋高耸，府上景色宜人，不愧是台湾首富所居住的地方。藤野和女儿原子完全被这里美丽的景致吸引住了，二人来到林维源的府中，林维源礼貌性地让其坐下，冰冷地和藤野交谈着。藤野对林维源表示完全可以让其加入日本国籍，那样就会受到大日本帝国的保护，况且商品关税也能享受很大的优惠。林维源听完藤野这番话后，并没有什么想法，虽然关税优惠对他来说是一种很大的诱惑，但是他死也不会成为日本人的走狗的，更不会加入日本国籍。藤野碰了一鼻子灰，悻悻地离开了。

自从林维源从台湾来到厦门，林家在台湾的很多产业都陷入了绝境，田地的租金也很难收上来。但瘦死的骆驼比马大，林家家底雄厚，虽说没有了土地，但是茶业、航运、樟脑等生意还是照旧经营不误。林维源的儿子林尔嘉在此大展身手，大力发展钱庄和金融行业。

林尔嘉在厦门创办了自己的钱庄，并且经营得还不错，这也多亏他的四个得力助手。

林尔嘉

一个是他的发小纪得胜；一个是其他钱庄挖过来的沈青寿，这个沈青寿很厉害，业务娴熟，账户上有任何纰漏他几眼就能看出来；一个是钱庄的老伙计简民中；另一个是从海外学习回来的徐冲之。这四个人可谓是钱庄的四个顶梁柱，帮助林尔嘉在金融街呼风唤雨，多年来林尔嘉的钱庄都在同行中排在前列。

当时钱庄的经理到了年龄，主动辞去了职务，但钱庄不能没有经理，经理的职位就在沈青寿和简民中两人中选择。林尔嘉有些为难，沈青寿业务能力强，但是不爱说话，比较闷。简民中在联络客户方面很强，这几年来招揽了很多买卖。两人各有千秋，又都有不足，这让林尔嘉不知如何是好。

沈青寿和简民中二人当然都想当选这个经理的职位，最后林尔嘉准备采取民主投票的方式来选出这个经理。但不巧的是，沈青寿在此期间出了意外住进了医院，经理的位置自然落在了简民中的身上。沈青寿在住院这段时间里，被胡老板的钱庄收买，沈青寿把很多关于林尔嘉钱庄的客户信息都告诉了胡老板。那段时间里，林尔嘉钱庄并不景气。

藤野原子自从上次随父亲来到厦门，就被厦门美丽的景色吸引住了，原子在这段时间内，还和林尔嘉结识，并对其产生了好感。当时林尔嘉的股票本以为有很强的升值空间，谁料到所买的股票竟然跌到了谷底，亏损了大量的钱，林尔嘉正想方设法填补上这个大窟窿。消息一传出，很多客户都来钱庄提钱，可不想和林尔嘉一样陷入其中，但林尔嘉哪里能一下拿出这么多钱，都是股票惹的祸，让他瞬间陷入了绝境。

原子小姐在上次偶然的邂逅后已经喜欢上了林尔嘉，在得知林尔嘉有困难后，她决定出钱帮助林尔嘉摆脱困境。原子小姐和其母亲秘密商量后，在林尔嘉的钱庄存入了1000万存款，这么大的业务一下就帮助林尔嘉摆脱了困境，欠客户的钱也能还上了。但其实这并不是原子在帮助他，而是日本有人在故意整林尔嘉。日本人知道林维源受不了日本人的帮助，所以用这招离间计来破坏林维源和林尔嘉之间的关系。而这一切原子并不知情。

果然，这件事很快就被林尔嘉的父亲林维源知道了。林维源气得一阵咳嗽，林家怎能接受日本人的帮助，更何况谁知道日本人安的是什么心？日本人残害中国人还不够吗？林尔嘉站在原地，低着头没有说话。他知道父亲一生为人正直，虽没有为祖国肝脑涂地，但也是个爱国意识强烈的中国人，自己接受了原子的帮助，就等于接受了日本人的帮助，这怎能让父亲不恼怒呢。林尔嘉想解释，但最终还是没有说出口。

林尔嘉后来确实也没有辜负父亲的一份心意，为抗日事业做出了巨大的贡献。林尔嘉知道，林家后人个个都是爱国志士，绝对不当日本人的走狗。这也是板桥林家盛名于世的原因，虽为商做官，但丹心不改，心系祖国。

创办电话公司过程中的困难

板桥林家的林尔嘉不光发展金融业，在厦门的那段日子里，他还对厦门电话的建设作出了很大的贡献。身为厦门商会总理的林尔嘉，全身心地想要把厦门建设得更好。但一切并不是那么顺利，在创建厦门电话公司初期，林尔嘉不知遇到了多少困难。

随父林维源转至厦门的林尔嘉曾亲身经历了厦门晚上没有电灯的日子，感受到了没有电话是多么不方便。林尔嘉认为电话的建设可以促进厦门商业的发展，很多事情，虽隔千里，但是一个电话就能解决。

林尔嘉在厦门创办了德律风电话公司，但公司建立之前，林尔嘉遭遇了无数的困难。当他邀请当地的乡绅叶清池前来观看电话演示的时候，突兀的电话铃声将叶清池吓了一大跳。演示后，叶清池向林尔嘉表示说，西洋的东西不可取，这些东西只能让西洋人的腰包越来越鼓，说完便转身离开了。林尔嘉目瞪口呆，许久说不出话来。

但是林尔嘉并没有放弃，他决定先铺设电话线，但是这可需要一大笔钱，不是林尔嘉自己就能完成的。于是，他开始四处找寻合伙人，想让更多的人入股。林尔嘉开始利用自己的人脉寻求曾经经商时的老相识，他们或许可以入股。就这样，林尔嘉先后拜访了十几个人，但是在约定好的当天只来了三个人，这让林尔嘉很是失望。没有人入股，就无法铺设电话线，没有电话线，就不能实现更多的人安装电话的愿望。

随后的日子里，他又先后拜访了众多朋友，希望他们能加入到德律风电话公司中来，林尔嘉还向他们说了很多电话的好处，但是那些昔日的朋友不肯相信这个行业能赚钱，所以也都没有答应林尔嘉的请求。直到后来偶然的一件事，才给林尔嘉创办电话公司带来了转机。

某天的下午，林尔嘉无奈地坐在家中。突然电话铃声响起，他急忙去接电话，电话那头说是叶清池的弟媳妇，叶家没有电话，所以只能打通林家的电话，希望林家告知叶清池，家母病危，想见大儿子一眼。林尔嘉知道此事不能耽误，所以他亲自去叶清池的家中告知了此事，叶清池连声感谢，并匆忙赶往老家。叶清池见到了老母亲的最后一面，老母亲总算闭眼了。

事后，叶清池登门道谢。林尔嘉对叶清池说，要感谢就应该感谢电话，是它帮助我们传递了消息。林尔嘉抓住这个机会，开始为叶清池讲解电话的各种好处。虽说之前叶清池对这个西洋物件带有抵触心理，但经过这件事情以后，叶清池对电话并没有过多的反感了，反而觉得是个挺不错的物件。

后来在林尔嘉劝说下，叶清池终于同意加入林尔嘉的电话公司，并入股出钱。林尔嘉随后帮助叶清池在家中也装上了电话，两人经常通过电话探讨问题。慢慢地叶清池知道了电话的好处，便开始不遗余力地宣传电话，叶清池成了电话公司的活体广告。在他们的大力宣传下，逐渐开始有人入股。铺设电话线的资金已经足够了，林尔嘉决定购买电话线，马上铺设电话线。

当时厦门只有一家售卖电话线的公司，但是由于电话线市场需求降低，一时间无法提供这么多的电话线材，但是又不知道厦门的电话线材公司何时才能生产出这些线材。但这其实都是日本北川电话公司捣的鬼，当他们知道林尔嘉电话公司要铺设电话线的时候，就已经在私下里买通了厦门电话线材商，不准向其销售电话线材。

后来经过林尔嘉公司内部研究，决定从福州一家电话线材公司进货。北川公司的人得知此事后，又从中作梗，派人假装通知林尔嘉的电话公司说电话线材已经到货，然后准备了一批非常不好的线材。德律风电话公司没有注意到日本北川公司在其中做了手脚，所以在林尔嘉的带领下，公司很快就完成了电话线铺设工作，但是最后在做通话试验的时候，出现了非

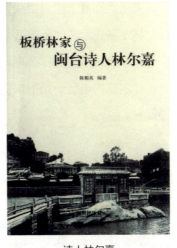

诗人林尔嘉

常严重的问题，电话中根本听不清对方说话，林尔嘉试验了很多电话，但每个电话都是如此。林尔嘉知道自己被骗了，想要和提供电话线的公司打官司，但林尔嘉想到现在首先要做的就是拆除这些报废的电话线，事情已经这样，再去计较也没有什么意义。

后来叶清池认识一位日本的朋友，对于电话方面很懂，对于很多技术也都很明白，所以叶清池建议林尔康聘请他为技术指导，解决以后的一切技术问题。但此建议遭到了林尔嘉的强烈反对，他们刚刚吃了日本人的亏，现在又要去找日本人，这让林尔嘉无法容忍。但在叶清池的一再劝说下，林尔嘉最后还是妥协了。叶清池向林尔嘉担保，这个日本人一定可以帮助他们，不会给他们带来麻烦。

叶清池带着一颗真诚的心去寻找那位日本朋友，希望得到他的帮助。到了那里，谁知道那位日本技师并不愿意帮助中国的电话公司，因为他是日本人，他不想被日本人知道自己帮助中国人做事。叶清池费了很多口舌，也没能让这位日本技师动摇。最后向其表明需要先生的帮助，况且技术不分国界，林尔嘉凭借三寸不烂之舌终于让日本技师有所动摇，并向林尔嘉说明要考虑考虑。林尔嘉每天都去技师的家

中，来来回回有一个月之久，就这样，日本技师终于被林尔嘉感动，并对林尔嘉表示说他是自己见到最有韧性的中国人。

日本技师来到德律风电话公司不久，电话里就传来了清晰的通话声。林尔嘉的电话公司很快就步入了正轨，厦门电话线路开始逐渐畅通起来。

赎回台湾

晚清时的台湾已经是满目疮痍，日本人抢来的只是一个烂摊子。当时各个行业鱼龙混杂，乱作一团，日本人想要扶持这些行业，需要源源不断地往里面扔银子。可他们不知道，台湾商业繁多，想要发展壮大，需要数不尽的白银。当时管理台湾的日本官员乃木希典想尽一切办法发展台湾的商业，但收效甚微，最后他只能恳请日本帝国转卖这个烂摊子，不要再继续往里面投无用的银子了。

日本要转卖台湾的消息传到了避居台湾的泉州庄正的耳朵里，他兴奋至极，想要把这消息赶快告之海外的台湾人。他首先来到了厦门，把此事告知了林维源，林维源听闻后更是高兴地跳了起来。林维源一直生活在台湾，台湾对他来说就如同他的生母，他怎能不怀念自己的故土。林维源发誓，一定要想尽一切办法将台湾赎回来。

后来，林维源得知日本政府正在和英法两国商谈，想要把台湾转售给他们。林维源知道，日本需要的是钱财，所以只要有足够的钱，就可以与之竞争。当得知需要大概 1000 万两白银的时候，林维源准备变卖所有商铺，聚拢资金。

林维源把要赎回台湾这件事告诉了林尔嘉，林尔嘉并没有太多的欣喜，反而建议父亲要三思而行。林尔嘉向父亲表示说，日本人残忍至极，虎狼之心，不可轻易相信日本人的鬼话。林维源哪里会听从儿子的建议，他只告诉林尔嘉抓紧典当产业，聚拢资金。林尔嘉也无可奈何，只能照办。

一提到要变卖产业，家中的林维得、管事吕世宜还有各商号的负责人纷纷表示反对。林维源彻底发怒了，在他的眼里，除了台湾什么都已经不重要了，所以他不顾众人的反对，亲自出马，典当店铺。

林家产业拍卖顺利地进行着。林维得看着自己一手经营起来的产业，就这样低价售予别人了，心中着实不是滋味，但看到大哥如此钟情台湾故土，也不再说什么。一家家商铺都挂上了其他商号的牌匾，林维得心疼得直跺脚，原本可以卖三倍的价钱，现在为了拿现银，竟然只换回了三分之一。林维源已经管不了那么多了，他只想早点凑齐银子，早一天把台湾赎回来。

林维源为了早日凑齐这 1000 万两银子，和庄正、叶春等人还组成了"赎买台湾基金会"。基金会为了有十成把握赎回台湾，最后将银子改成了 1500 万两。林维源还承诺自己可以出 400 万两，剩下的众人筹集了 300 万两左右，但是还差 800 万两呢。

正巧此时厦门来了一位叫润崎三郎的日本军官，是日方的代表。作为基金会的代表，林维源马上邀请了润崎三郎，对赎买台湾做出了商谈。润崎三郎向林维源询问了赎买台湾的价格，当润崎三郎得知中国愿意出一 1500 万来赎回台湾时，在心中窃喜，但并没有表现出来，相反表现得很淡定。林维源眼看润崎三郎没有回答，决定再加 30 万，润崎三郎向林维源表示说很满意这个价格，并向大日本帝国汇报此事。林维源为了表明诚意，同时更是为了不让英法两国买走，还特意交给润崎三郎 200 万两定金，润崎三郎很满意地走了。

林维源对于自己的做法还是很满意的，虽然没有直接商谈成功，但是交了定金，心中也算有了底。正当基金会众人如火如荼筹钱的时候，林尔嘉突然来到了基金会，阻止众人继续进行筹钱，并说日本内

板桥林家：百年商族

阁并无诚意转让台湾，况且英法两国正在忙于扩张，对于台湾也没有多大的想法。林尔嘉建议众人暂且将此事缓一缓，静观其变。众人听了觉得有些道理，所以同意将此事放一放。唯独林维源气得不得了，现在他已经完全听不进任何劝说了，只想着台湾早日被赎回来。

基金会的众人在听了林尔嘉的一番话后，现在对于赎回台湾之事已经有些迷茫了，也不知道日本人到底葫芦里卖的什么药。林维源见此状况，有些不知所措，他的心里可是一直牵挂着台湾。为了弄清楚状况，他上京找到了李鸿章，并向李鸿章说明了此事，想要朝廷出面干涉此事，尽快赎回台湾。李鸿章满脸诧异，如今辽东战事吃紧，老佛爷从来没有考虑过要赎买台湾之事，想必此事有蹊跷吧。林维源听闻李鸿章的话后，感觉好像坠入了深渊，花甲之年的他竟有些站不稳了。

转让台湾的事就这样不了了之。之前来商谈的日本代表润崎三郎也不知所终，好像人间蒸发了一样。这可给林维源来了致命一击，他整个人像是老了十几岁一样，头发好像一夜间全都白了。林维源家里人为了寻找润崎三郎，还特意到省政府询问，但是省政府表示日方从未派出过此人。林维源拿着之前定金的收据到日本使馆要求退还 200 万两银子，大使馆的人告诉林维源说是上当了，日方从未委派润崎三郎这个代表与贵方洽谈转让台湾之事，还表示如果找到此人，一定要求他归还银子。

林维源真的是聪明一世糊涂一时，赎台湾心切导致出现这等可笑之事，林维源长叹一声，眼角流下两行浊泪。林维源确实老了，头发花白不说，就连年轻时挺直的腰板现在也佝偻下去。岁月的摧残，加上多年来为林氏家族多方奔走，林维源终于有些挺不住了。板桥林家能辉煌到今天，商业发展壮大，全亏林维源的经营。现如今，虽然台湾故土不在，但林维源也没什么遗憾了，人的能力有限，不是所有事情都会有满意的结果，这可能就是人生吧！

Part 8

平民吴沙：拓土开兰第一人

一个普普通通的农民，竟能有如此大的作为，被后人称为"开兰始祖"，这个人就是吴沙。出身普通的他不满足于现状，决定迁移台湾，后在台湾的宜兰成就了一番大事业。吴沙带领数万垦丁开荒种田，凿山修道，让曾经荒凉的平原变成一个个小村庄，吴沙凭借着勤劳的双手改变了大自然，成就其辉煌的一生。

农民吴沙

在台湾的东北部有一个叫宜兰县的地方，宜兰和漳州在同一条纬线上。台湾栾树、国兰花和春冬季节的朦胧细雨，都是宜兰给人留下的印象。宜兰县内的人口大部分是福建漳州人，而带领这些人移民于此的就是吴沙，被称为"开兰始祖"。

当时的宜兰并不是现在的样子。宜兰有一条十分重要的河流，名为宜兰浊水溪，现在名为兰阳溪。这条河流位于兰阳平原，是现今宜兰县内最主要的河流之一。兰阳溪在雪山山脉和中央山脉之间，一路汇聚来自山脉的二十几条支流，从西南向东北一直注入太平洋。河水顺地势而下，裹挟着冲击下来的泥沙，在河流的下游河口形成冲积扇，这就是兰阳平原。

最初的兰阳平原可能只是沉睡在海底的一个地堑，随着时间的变化，海陆的变迁，在大自然的作用下，下沉的地壳上升，脱离了大海，变成了陆地。再后来的人们迁徙到了这里，在这里开垦种田，最终成为我们看到的桑田。

带领众人迁移至此的是吴沙。在 18 世纪 70 年代，这个 43 岁的中年男子还只是一个漳州乡间的普通农民，他不满足现状，所以带领众多的家乡人来到了兰阳。在他的带领下，兰阳开始有了今天的模样。吴沙也因此被后人铭记，被历史永远载入了史册。

吴沙是福建省漳州漳浦县人，他出生在一个普通的农户家庭，他的祖父和父亲据说是当地的青草医生，吴沙从小就受到其父从医的影响，乐于助人、性格开朗、办事讲信誉。吴沙长大以后仍然没有摆脱农民这个时代沿袭下来的古老职业。吴沙每日辛勤耕种，日子过得很是清苦。贫困、卑微是当时农民的代名词，直到中年，吴沙才娶妻生子，虽然他完成了祖上传宗接代的任务，但是他的生活似乎没有任何改变，

漳州漳浦民居

日子过得仍然十分艰苦。

　　吴沙所居住的小山城四面环山，是南靖、平和、漳浦三个县的交会处，山外便是汪洋大海。明清时期，这里曾经是海外贸易繁盛地带，那些在海上经商的商人到达此地，在这里驻留经营。这里靠近大海，人口众多，是发展贸易的好地方。所以明清时期当地的很多人都选择从此出海，外出经商，以谋求新的出路。

　　吴沙在此地生活了40多年，虽然已过不惑之年，但吴沙的内心仍然希望能够谋求一个更好的生活。对于一个普通人来说，43岁已经是一个收敛心性的年龄，但对于吴沙来说，一切才刚刚开始。

　　历史上为国家、为世界作出贡献的人，他们似乎都有着不错的家世和背景，都有其做出贡献的客观条件，但吴沙并没有这些所谓的客观条件，他只是一名普通的农民。他的所作所为，没有思考许久的计划，他也从未想到自己不经意的迁移，会被后世一直铭记。身为一名普通的农民，他怎么敢乞求流芳百世，这是他无法想象的，他也不知道，自己来到台湾的宜兰，会改变自己的一生。

吴沙在来到宜兰之前，宜兰被称为"噶玛兰"或"蛤仔难"。在吴沙还未开垦这里的时候，这里的噶玛兰人就已经在兰阳溪的出海口生活了上千年。他们以兰阳溪这块土地为基础，世代在此安家，他们那时还驾着独木舟在太平洋上航行，和汉人有贸易往来，进行物品交换。西南山地的泰雅人就没有噶玛兰人这样的便利条件，泰雅人所在的环境也禁锢了他们的思想，他们很少航行在海上，长时间的与世隔绝，泰雅人保持男狩猎、女纺织的传统，十分骁勇。

1623年，一艘西班牙的船只行驶在海面上，突然海上狂风大作，巨浪滔天，船只被风暴带到了台湾的宜兰。当地的原住民认为他们是入侵者，所以把船上的几十名疲惫不堪的船员都杀害了，这件事引起了西班牙人的强烈不满，后来对这片地区采取了报复行动。在报复过程中，西班牙人烧毁了好几处部落，几百名原住民被残忍杀害，然后西班牙人在此定居，并且还修建了城堡。

之后的1877年，两艘琉球岛的船只因为飓风被吹到了这里。船上的船员和牡丹社部落的居民发生了冲突，部落居民在人数上占据着绝对的优势，在冲突过程中杀死了54名琉球人，剩下的12名琉球人在汉人的营救下逃生。日本政府声称琉球群岛属于日本的外邦国，借此事件还发动大量官兵进攻台湾岛，这是日本明治维新以来第一次向国外发动战争，由此引发了清朝政府和日本之间的外交争端，此次事件被称为"牡丹社事件"。

可能是因为地理环境和民风等方面的原因，到乾隆年间，台湾的南部、中部和北部已经开发，但是宜兰这里仍是一片荒原。一直到18世纪末，噶玛兰才真正进入大陆人民的视野，人们开始向这里移民。

吴沙就是大陆众多移民人口中的一位，也是极为普通的一位。最开始迁移到这里的人们基本都集中在平原的下游，一直到了道光年间，才扩散到兰阳溪的两个支流宜兰河和东山河，最后才扩张到泰雅人生活的西南山区。

吴沙的到来，让这里发生了巨大的改变，他改变了这里原住民的生活，同时也让更多迁徙至此的人有了着落。在此期间，吴沙带领众人开荒种田，和商人进行贸易活动，从一名普通的农夫变成一位德高望重的商人。吴沙的一生充满传奇色彩，谁能想到一个年近半百的中年人会有如此大的作为，后来吴沙与颜思齐、吴凤一起并称"台湾三公"。

吴沙精神

如果说吴沙的前半生碌碌无为，那么他的后半生可谓是充分体现了自己的价值。吴沙来到台湾的时候，汉人已经在此进行了一百多年的拓垦活动，那时的台湾有大量人员涌入，田地、房舍如雨后春笋般出现。大量劳动人员迁移至此导致了相关问题的出现，后来的林爽文事件就已经表明，一个跨越式成长的生机勃勃的新居住地，正在因为生存压力引发一系列社会矛盾而充满风险。

吴沙最初带领家人来到的是台湾的淡水，吴沙在这里开始定居，安顿下来。吴沙在这里为别人做工，每天都很辛苦，但是得到的钱并不多，所以他决定去别的地方谋求更好的出路。后来，吴沙来到了荒芜之地三貂社，这里和宜兰相距很近，大概只有一山之隔。吴沙在此生活了一段时间，他发现这里部落的人急需草药、布匹、盐糖等东西，部落的居民获取这些东西需要从大陆商人那里买进，而大陆的商人想要这里的山货，例如野兽、木材之类的东西。吴沙看到了其中的商机，所以他决定把大陆的草药和布匹等带到这里来，然后卖给部落的居民，部落的居民则可以给吴沙提供山货，吴沙再把山货通过水陆运往大陆，这样就可从中赚取钱财。吴沙就通过这样的方式，从中积累了不少钱。

当时的三貂社没有人愿意居住，此地荒凉无比，再加上靠近外番噶玛兰，似乎成了一片禁地。但是吴沙却能在此长期的生活，并且和这些噶玛兰人进行交易，并且还取得了他们的信任。我们很难想象，吴沙是怎么生活在这样一个荒无人烟的地方的，并且还能在此生活这么久，从事这样一种危险的行业。

后来台湾发生林爽文起义事件，一路占领了台湾的很多地区，朝廷见其过于猖狂，决定对其发起攻击，林爽文的部下不敌朝廷重兵，损失惨重，很多起义军逃到台湾三貂设一带的深山老林中。台湾海防知府命徐梦麟等人前去围捕起义军残党，徐梦麟知道吴沙在其地的威望，所以上书告之海防知府说："漳人吴沙久居三貂、民番信服，可保无疏纵之弊，乌石港对面便是噶玛兰，生番尚未归化，并无汉人人住。"后徐梦麟召集吴沙等人共同围剿此地的残余起义军。后来林爽文起义以失败告终。

《中国农民起义领袖小传》

当时的吴沙与部落居民进行贸易往来，从其中赚取了巨大的利润。吴沙变得越来越富有，他通过船只把这些山货运往大陆，这些山货深受大陆人们的喜欢。吴沙逐渐被人熟知，有很多人开始迁移到台湾，投靠吴沙。吴沙自己虽然赚到了一些钱，但是他并未忘记曾经的艰苦岁月，所以吴沙经常接济那些迁移过来的人们。吴沙主动出钱，安排他们开荒种田。帮助他们过上正常的生活。

那时吴沙的身边已经有了一些追随者，他们都听说吴沙可以帮助穷苦之人。在当时的条件下，他们选择投靠吴沙，只求能有一条活路。1787 年左右，吴沙看到人口逐渐增多，所以要想养活这些家乡人，就要带领他继续开垦土地，这样才能保证这些人生存下来。吴沙把投靠他的 200 余名漳泉人、潮惠人集合起来，给这些人每人一斗米，一把斧头，让他们可以食米生存，靠斧子建立自己的房舍。正是这些简单的工具才让这些人活了下来。在吴沙的带领下，他们开荒种田，伐木建设房舍，把这里荒凉的地都种上了五谷杂粮。吴沙是农民出身，对于这些种植的技术早已烂熟于心，他们生产的粮食逐渐可以满足这些人的生活需求。后来，在吴沙的带领下，他们还凿山、开河、修路、架桥，荒凉的平原俨然成为一个适合人们居住的村镇。

吴沙不满足于这些，他还带领一些人走上了经商的道路。他们对待外番部落居民从不欺骗，吴沙向他们出售的商品也让这些外番的居民享受到了好处。吴沙豪爽、仗义的为人让这些外番居民都愿意与之交朋友，所以那段时期吴沙与很多外番部落建立了很好的关系。吴沙在海上的贸易也越来越频繁，他从中获取的收益也是越来越多，吴沙这个名字被更多的人熟知。随着名声的逐渐远扬，开始出现更多的人投奔于他，吴沙的压力也是越来越大。因为他知道，人越多需要的占地就多，需要的粮食就多，所以还要开垦更多的土地。但是三貂社地区并不是所有地区都适合人们居住，想要容纳这么多人，就一定要开拓更多的土地。

此时投奔吴沙的人已经达到了千余人，其中漳州人就占了九成，毕竟是老乡嘛。人迹罕见的荒野三貂社，现今已有大面积的良田和果园，道路上车马往来，曾经死气沉沉的荒地变得生机勃勃。生活在这里的汉人和外番部落的居民也没有发生不愉快的事情。吴沙带领众人已经把这里建设成了一个美丽的家园。

此时的吴沙距离走出家乡已经有十余年。这十余年里，假如他仍在家乡种田，可能并不会有这些事情的发生。吴沙不甘于命运的安排，不甘于困苦的生活，所以他最后选择迁移台湾。命运确实让人难以捉摸，一个普通的农民，如今却带领着数千人走上了开垦之路，并且还取得了如此大的成绩，确实让人有些不敢想象。

有人会说，吴沙的所作所为完全是机缘巧合，完全是命运的安排。如果没有吴沙，也会出现类似吴沙这样的人，只不过是换个名字罢了。这些其实并不重要，也无须进行这些无所谓的争辩，我们要弘扬和歌颂的是吴沙，同时也是在向吴沙这样的人致敬，所以此时的吴沙并不仅仅代表个人，而是一种敢于开拓进取的吴沙精神。

噶玛兰遇阻

追随吴沙的人越来越多，吴沙开始向噶玛兰外番地区靠拢，并且希望能够取得成功。噶玛兰一直被认为是外番地区，当时的清政府也不愿管辖这些外番部落，不想惹上不必要的麻烦。但是吴沙凭借着与其长期的贸易往来建立了良好的信誉，这为他拓垦噶玛兰奠定了坚实的基础。

当时吴沙和几个共同经商的好朋友许天送、朱合、洪掌等人进行商讨，他们决定向噶玛兰地区拓垦。这件事还得到了淡水富户柯有成、何绩、赵隆盛的帮助，他们给予吴沙等人财力支持，这才让吴沙他们有向噶玛兰拓垦的条件。

吴沙对此次的拓垦做了十分充足的准备，他害怕船只不够用，所以又打造了几艘船只，并且还特意找到几十个通晓少数民族语言的人，充当他们的翻译，在一切准备好之后，吴沙决定出发前往噶玛兰。

吴沙带领着一千多名漳泉农民和三十几个通晓少数民族语言的

人，乘船来到了噶玛兰乌石港，他们在此建立房舍，填水扩大土地面积，在这里开荒种田，建立了噶玛兰地区第一个汉人部落，所以被称为"头围"。从此以后，这里便有了妈祖的香火。

吴沙开始带领众人在此积极拓荒土地，让这片土地更加适合人们的居住。吴沙对于拓荒已经有了很丰富的经验，在此期间，吴沙还建立了一整套严密的组织系统。"结首制"就是他们的组织形式。开垦的农民 10 个人为一个单位，被称为一结，10 个结组成一个围，他们之间可以互相帮助，互相支援。小结的首领，一般由通达事理的人担当，并且还要拥有一定的资产；围首领一般由威望高、公平公正的人担当。开垦的土地按照分工来合理分配，为首的头领可分配多一些。数以万计的农民就这样被分配成数个有组织的小结，这样的管理方式提高了农民的开垦效率，开垦的人员也更便于管理。

一切都在有条不紊地进行着，决策和筹资，在进入噶玛兰之前就

台湾居民

已经完成了；前进的路线，也已经悄悄打探好了；上百名护卫，也在保护着开垦事业的顺利进行；每前进一段，完成一段就会设立隘口，并且在这些隘口派人专门把守，防止遭到外番居民的破坏；这些把守隘口的人员，会彼此连接起来，相互独立而又可以互相照应，如果出现被袭击的情况，那么隘口之间的传递极为迅速，会有大批的人员赶来，不会让袭击人员得逞。

另外，还有五六十名乡勇在垦地中穿梭巡防，避免农民在开垦过程中出现争端，这些乡勇的经费由农民承担，每五甲（一甲为11.5亩）为一张犁，每张犁收取银元一二十。这些农民在开垦过程中肯定会出现交流，但是这些农民并非来自相同的地方，所以在沟通上肯定存在困难。为了解决这一问题，吴沙还雇佣了大量的"翻译官"，采用这样的方法，避免突发事件的发生，把开垦土地的农民之间的危险降到最低。除此之外，对于用于开垦的种子和农具，以及车马都有专人为其供应，农民的衣食住都可以得到满足，一切工作都有其制定的规则，大体上都能做到有条不紊。

随着土地的不断拓垦，已经达到噶玛兰人所生活的范围，很多噶玛兰部落的居民之前和吴沙打过交道，所以也愿意加入到开垦的事业当中，他得到了很多噶玛兰人的支持。但其中还是有许多的噶玛兰外番部落居民无法理解这样的行为，他们认为这些汉人严重影响了他们的生活，占据了他们的土地，侵犯了他们神圣的家园，所以也有很大一部分的噶玛兰部落居民和吴沙发生了冲突。

吴沙和外番居民之间的冲突并没有得到改善，反而更加恶化，他们经常手持武器进行打斗。在打斗的过程中，吴沙的弟弟不幸战死，吴沙悲愤至极，他并没有被外番人吓到，反而继续和外番人进行战斗。吴沙一边拓垦，一边与外番人进行抗争，期间也是各有所伤，很多噶玛兰人也失去了兄弟。吴沙的拓垦事业受到了外番人的影响，进行得很慢，战斗带来的只有流血和受伤，局面并没有实质上的改变。后来颇为熟悉外番人的许天送向吴沙建议道，对待外番居民，不能依靠武力，要晓之以理，动之以情，用诚信来感化他们，这样自然不会发生战斗。吴沙等人在经过深思熟虑后，决定退回三貂社，从长计议，等待有机会再进行开垦。

后来吴沙派人到噶玛兰说，来到噶玛兰开垦土地是为了种植粮食，为官军提供补给。吴沙派去的人还说，海盗现在在海上尤为猖獗，所以现在我们的任务就是开垦土地，种更多的粮食，这样才能和海盗对抗而且海盗很快就会攻击这里，所以我们是在保护噶玛兰，没有任何其他的目的。噶玛兰人听到吴沙派来的使者这么一说，感觉有些道理，所以也就没有再进行攻击，但也没有同意吴沙继续在此拓垦。

吴沙在噶玛兰的开垦之路陷入了困境，他没想到这些外番之人会如此的顽固不化、不讲情理，拓荒开垦明明是好事，为什么不同意这样做呢？还要与他们展开战斗，置他们于死地呢？吴沙实在是想不通，他本以为自己的拓垦计划会顺利地进行，谁知道半路杀出个程咬金，噶玛兰人这般蛮不讲理，让吴沙很是头疼。

吴沙并没有退缩，也没有为此放弃噶玛兰这个地方。因为他知道，他有能力让这些外番人受到感化，从而能允许他继续进行拓垦事业。

拓土开兰第一人

吴沙在开垦噶玛兰土地的过程中遇到了阻碍，但是他没有放弃，就像当时他在海上进行贸易的时候一样，他并不畏惧这些危险，因为他有这个能力继续进行下去。吴沙退回到三貂社之后，开始了短暂的调整，但一直以来，吴沙通过海洋进行贸易活动的行为从未停止，这也给他开拓土地提供了大量的资金，让他能在拓垦事业的道路上继续走下去。

吴沙一方面派人员说服那些外番人，一方面进行着海上的贸易活动，他把越来越多的东西通过海洋带到了台湾岛，带给那些外番部落，让更多的外番人享受到这些东西的好处。吴沙再把从外番人手中收购到的山货贩卖到内地，形成了一个简单的商业链，并且这个商业链中基本不会受到克扣，吴沙从中收获颇丰。

吴沙在同噶玛兰人抗争的过程中，据说还有这样一个故事：当时吴沙和噶玛兰人发生冲突的时候，噶玛兰内部出现了天花，这在当时是要命的疾病。吴沙并没有趁火打劫，由于从小受父亲行医的影响，吴沙并没有袖手旁观。吴沙的妻子，名庄梳娘，是当时乡村郎中的女儿，吴沙与其相比，还是小巫见大巫，庄梳娘对行医治病

台湾宜兰县

也颇有研究，虽然算不上精通，但总比吴沙强。庄梳娘同时还是一个信仰妈祖的信徒，她心地善良，虽然对方是敌人，但是她也不愿看到这些人死于疾病之中。所以，在同吴沙商量过后，她决定帮助噶玛兰人治疗天花病症。庄梳娘按照当时漳州的民间处方找到了治疗这种疾病的草药，并且把这些药熬制成了汤药送到了噶玛兰人的手中。很多噶玛兰人在服下庄梳娘带来的汤药后，病情马上有了好转，据说当时有上百人幸免于难。

这种仁义的举动感动了噶玛兰人，他们把很多土地交给了吴沙，并且还按照噶玛兰人的习俗埋石为约，双方约定互不侵犯。吴沙和噶玛兰人之前的争端，因为善念终于化解。虽然这只是个民间传说，但是人与人之间的仁义之举还是值得颂扬的。

吴沙用一颗包容仁义的心换来了噶玛兰人的土地，换来了互相之间的信任。无论当时是否存在这个故事，人们对仁义善良的渴望一直存在。吴沙得到噶玛兰人的允许后，开始雇佣更多的佃农加入到垦荒的事业中，用自己的农业技术把一片片荒地改造成五谷丰登的田地。

从"头围"的建立开始，第一个汉人村落的出现，就预示着会有更多的村落诞生。果然，在吴沙的带领下，开始陆续出现了"二围""三围"……当时的"头围"人员众多，因为农事发展极为迅速，所以招揽了很多的人，出现了很多商铺，成为台北、基隆商人进入噶玛兰地区的中转站。时光飞逝，原来的"头围"成了现在的头城。作为宜兰平原上的第一座城镇，因为连接乌石港，贸易往来频繁而繁盛一时。

吴沙所建立的头围、二围、三围等已经成为一座座历史丰碑，它们代表的不再是一个个村落，而是开拓进取的精神。吴沙在噶玛兰所作出的贡献，已经完全超出了一个农民本身的价值。嘉庆三年12月9日，也就是1798年，伟大的噶玛兰拓荒者因操劳过度去世了，这一年吴沙67岁。

虽然吴沙去世，但是他的功绩却一直被人铭记。后来吴沙的侄子继承了他的事业，把土地开垦到整个兰阳溪北岸。

43岁入台，67岁辞世，吴沙把后半生的所有精力全都投入到了开垦事业中，共开垦土地6万多亩，是当之无愧的拓土名人。到了1810年，噶玛兰农民垦丁已经有5万之多，其中漳州人就占了42000人，泉州人有2000多，剩下还有一些广东人，并归化了几十个外番部落。吴沙艰苦开拓给无数人带来了更好的生活环境。

嘉庆十七年，即1812年，朝廷还设立了噶玛兰厅，吴沙等人开垦的土地正式被收入到大清版图。光绪元年，即1875年，噶玛兰厅更名为宜兰县。

现今，在宜兰礁溪乡吴沙村中吴沙故里伫立着吴沙的雕像，吴沙的雕像给我们这样的感觉：沉默寡言、长须垂下、脸上刻满了皱纹、眼神中充满沧桑，让我们无法想到这是一个统领众人的领袖级人物，更像是一位饱经沧桑的中年父亲，正是这位平凡的垦丁，成就了不平凡的事迹，成就了吴沙伟大的一生。

正如著名历史学家连横所说："吾读姚莹杨廷理所为书，其言蛤仔难之事详矣，而多吴沙开创之功，夫沙匹夫尔，奋其远大之志，率其坚忍之氓，以深入榛荒秽之域，与天气战，与猛兽战，与野蛮战，用能达其壮志，以张大国家之版图，是岂非一殖民家也哉。"

吴沙的功绩深得台湾官民的一致称颂，吴沙这个出身普通的农民，能有如此大的作为，也算是一种奇迹吧！吴沙勇于开拓，不满足于现状的精神值得人类颂扬，很多的人敢于想，但却不敢付诸实践，吴沙被历史铭记，就是因为他敢于做出行动，带领民众走出贫困，迎接美好的明天。他的功绩正如礁溪乡吴家大厝两边楹联所云："真诚拓土无双士，正是开兰第一人。"

Part 9

约翰·霍金斯：女王的宠臣

16世纪的英国是一个十分重要的时期，英国凭借着强大的海军力量，打败了西班牙的"无敌舰队"，成为海洋强国。英国为了扩张殖民地，还曾利用海盗的力量还进行奴隶贸易，从中获取了大量的利润，为之后的资本主义发展积累了物质基础。

聪明谨慎的霍金斯

16 世纪对于英国来说是非常重要的时期，这段时期内的英王成为英国教会的最高首脑，不再从属于罗马教皇。英国的改革沉重打击了天主教会，削弱和限制了封建旧势力。另外，英国积极鼓励工商业的发展，手工工场建立迅速，并且扩展到煤矿、冶炼等领域。这段时期内，英国大力发展海上贸易，殖民掠夺活动尤为频繁，开展黑奴贸易，这都为英国的资本主义建设打下了基础，积累了更多的财富。英国在航海上也占据着十分重要的位置，英国女王甚至利用海盗来谋取利益，充当海军，用官方的力量扶持海盗，用于殖民掠夺和黑奴贸易的发展。

约翰·霍金斯就是 16 世纪英国著名航海家、海盗和黑奴贩子。他对于英国的贡献主要体现在他对英国海军的改革，他的改革成为英国战胜西班牙船队的重要因素之一。

英国航海

霍金斯于 1532 年出生在英国西南部德文郡普利茅斯，普利茅斯是一座拥有丰富航海史的城市，是 16 世纪英国人出海的重要港口。霍金斯出生在普利茅斯的一个商人家庭中，霍金斯的家族在当时的英格兰西部沿海一带很有势力，家族中很多的成员一直以来都进行着海外贸易活动，为家族积累了大量的财富，家族早已名声在外。霍金斯的父亲从 1530 年左右就开始和巴西等国之间进行海上贸易往来，在那段时间内，霍金斯的父亲就已经开通了多条海外贸易航线，在当地也是名声显赫，占有重要的地位，是十分著名的海商，据说还曾多次代表普利茅斯市出席国会，足以见其地位。霍金斯的兄弟也同样从事海外贸易活动，他和霍金斯相比，颇有政治头脑，还曾担任普利茅斯市的市长，后来还曾多次为英国海军提供物资。值得一提的是，他还曾为英国迎战西班牙无敌船舰的战斗中为英国的海军提供船只和装备，为此次战斗提供了物质上的帮助。后来霍金斯的儿子和侄子也都继承了霍金斯家族的航海传统，成为了当时著名的航海探险家，先后进行过很多次太平洋上的远行。

霍金斯从小就生活在这样的海商家族中，深受父亲和哥哥们的影响，从小对航海贸易耳濡目染，这给霍金斯之后的航海贸易活动打下了基础。霍金斯在未成年的时候，就已经跟随着父亲，在自家的船上进行航海训练，他每天看到父亲指挥船只，挥手扬帆，很是威风。霍金斯看到父亲的船上满载着货物，航行于多个国家之间，从中获取丰厚的利润。从那时起他就暗暗下决心将来一定要比父亲还要厉害。身为一名商人，赚取更多的钱，这可能也是商人最值得炫耀的地方。霍金斯在海上跟随父亲进行海外贸易往来期间，增长了不少见识，他知道要想成为一名商人容易，但是成为一名像父亲这样显赫的商人不容易，如此之大的霍金斯家族，绝对不能葬送在自己的手中。

大概在 1554 年霍金斯的父亲去世了，霍金斯万分悲痛，久久不能从失去父亲的悲伤中缓过来。霍金斯的父亲给他留下了一笔不小的财富，更为重要的是让霍金斯拥有了勇往直前的航海精神。霍金斯逐渐从悲痛中醒过来，他继承了父亲的海外贸易事业，开始着手进行海外贸易活动。那时霍金斯开始从事西班牙和英国加那利群岛之间的贸易。

霍金斯是一个十分聪明的商人，他知道自己刚开始带领船队，可能有些人会不服从管理，所以霍金斯想到了这些细节问题。他决定用高报酬来奖励那些在航海贸易中行为突出的水手，这样就可以收买人心，得到他们的认可，同时还可以让这些水手为之卖命。每次航行归来，霍金斯都会给这些船员发战利品，以奖励那些机智、勇敢的船员们。同时霍金斯知道海上的生活很枯燥，为了避免船上的水手们生活太过于糟糕，他每次航海前都会准备充足的淡水、啤酒、咸肉、鳕鱼干、黄油等，让水手们可以享受到更好的食物。甚至为了避免海上生活太过于寂寞，霍金斯还积极带领他们进行娱乐活动。霍金斯想得非常周到，他的船上常备有木桶、铲子、滑轮、鼠药等一切急需品。

在人员的配置上，除了那些优秀的水手和船员外，船上还配有修补船只的工匠，会制作和修补船帆的裁缝，还配有几名外科医生，以便出现外伤时可以及时采取救护。另外还带有理发师、会计、厨师、翻译等各种人员，可以随时处理船上的各种问题。

由此来看，霍金斯确实是一个令人称赞的谨慎航海家。当然，霍金斯不仅谨慎而且还十分聪明，他的聪明之处不光体现在处理人员关系上，他还对装载的货物有很强的理解。霍金斯外出经商的船只上装载的货物齐全，可以满足多个地区的需要，船上的薄料布匹可以卖给热带地区的一些国家；船上装载的英格兰南部的羊毛绒和手织粗布可以在寒冷一带的地区销售。这样一来，霍金斯在海上的贸易活动就可以一直进行，不会因为地域的原因而停止贸易活动。聪明的霍金斯掌握了很多海上贸易的技巧，从而积累了大量的财富。

在海外贸易的过程中，霍金斯看到在印度的西班牙殖民者急需大量的奴隶劳动力，作为商人的霍金斯仿佛看到了大笔的金钱，于是他决定进行奴隶贸易，他决定冲破西班牙政府的束缚，在黑奴贸易中获取更大的利益。

英国最早的三角贸易

伊丽莎白一世继位之初，英国内部因宗教分裂陷入一片混乱之中，伊丽莎白一世受到各方的指责。对此，为了团结英格兰整个民族，伊丽莎白就想方设法创造财富，只有这些财富和权力才能让那些指责的人彻底闭嘴。获取财富的途径有很多种，其中主要的一种就是发展海外贸易，进行殖民掠夺，这当然少不了那些航海家、地方贵族和那些拥有巨大财富的海盗们。

实际上，女王手下的这些贵族和探险家们并不是一般的商人，他们渴求知识、渴望财富，并具有清晰而明确的商业头脑，况且很多商人家世显赫，本身就拥有不错的财富基业。在当时海盗横行的年代，那些横行海上的英格兰海盗们既聪明又狡猾。更难能可贵的是，这些海盗大都是新教徒，所以他们所从事的贸易多少带点社会、宗教和政治的意图，而这正是女王所需要的。当然在女王还没有正式公开投资海外探险事业时，不论贵族还是海盗，女王对他们的唯一要求就是把个人的命运放到王国的利益之中，个人可以为了王国的荣誉而牺牲。这就形成了一条不成文的规定：任何人想获得王室的恩宠和更多的财富，就必须为女王和国家冒险，就必须为国家带来财富。于是，财富的吸引和王室的宠幸不断驱使着霍金斯走向海洋的深处。

此时的霍金斯已经拥有了一定的海外贸易经验，当然身为一名海商，在那个海上武装势力众多的年代，霍金斯也不能安分守己，为了获取更多的利益，有时候他也会充当海盗的角色，这些就好像是已经沿袭下来的规矩，虽然没有人说必须要这样做，但事实已经证明，这样做是当时的环境所致，不是人为可以轻易改变的。霍金斯的家世让其海外贸易之路比其他商人更为顺畅，他通过海外贸易赚取了不少钱财。当霍金斯看到黑奴贸易可以获取暴利时，他决定进行黑奴贸易，但是仅凭借自己的力量是不够的，他也没有足够的资本去进行奴隶贸易活动，另外他也没有足够的经验去这样做。奴隶贸易不同于其他的贸易，需要承担更大的风险才能成功，不然怎么会轻易获取暴利呢。这件事换作别人可能非常困难，但对于这个显赫的霍金斯家族来说，应该没有太大的问题。

1559 年霍金斯通过显赫的家世以及自身的影响力娶了海军财务官的女儿为妻，这样一来，霍金斯离他的奴隶贸易就更近了一步，通往黑奴贸易之路越来越顺畅了。后来，霍金斯在其同僚以及其他英国商人的帮助下，开始准备奴隶贸易活动。

1562 年 10 月左右，霍金斯率领一支船队出海，开启了他的第一次奴隶贸易航行。这支船队一共由三艘船组成，其中最大的一艘达到了 100 多吨。霍金斯还是一贯实行他谨慎的航行风格，这次船队配备齐全，人手充足，食物储备也很充分，霍金斯进行了周密计划，一切都有条不紊地进行着。霍金斯为了之后便于和西班牙人沟通，还在加那利群岛的特内里费岛带上了几名西班牙人，充当霍金斯船队的领航员，然后向非洲西海岸的几内亚驶去。霍金斯一行人很快就到达了那里，在那里他们威逼利诱，劫掠抢绑，通过各种手段得到黑人奴隶。最后他在那里获取了大约 300 名黑人奴隶，然后霍金斯带着这些"活货物"前往海地岛，想把这些黑奴卖给这里的

伊丽莎白一世

西班牙殖民者。西班牙政府曾派遣一些人阻止这些英国人与西班牙人进行交易，但派遣来的西班牙军官收了霍金斯的好处，对其行为放纵不管，任凭英国人在此公开售卖黑奴。随后，霍金斯还来到了西班牙在此建立的种植园，与这些农场主进行交易，把300余名黑奴都卖给了这些西班牙殖民者，在当地还换取了大量的兽皮、生姜、糖和一些珠宝。

1563年，霍金斯带领着船队满载而归。此时的霍金斯已经和之前不一样了，他在进行奴隶贸易之后，就发现这是一个非常值得去冒险的贸易活动，不仅可以从中获取暴利，而且还可以得到国家的认可，可以得到无尽的荣誉，后来事实也证明了这一点。霍金斯船队进行的奴隶贸易，是英国最早的"三角贸易"。霍金斯作为英国奴隶贸易的创始人，从中获取了大量的钱财，同时霍金斯也成为英国历史上最早进行奴隶贸易的海盗头领。

回国之后，霍金斯进行奴隶贸易的事情很快就传到了伊丽莎白一世的耳朵里，伊丽莎白女王开始还为此责备过霍金斯，认为这种行为有些不道德，但后来霍金斯向女王透露获取了巨额利润的时候，伊丽莎白女王马上改变了主意。如果可以获取暴利，就可以证明伊丽莎白女王的功绩，女王完全可以利用这些海盗来进行奴隶贸易，然后英国政府从中获取利益。女王的算盘早已打好，霍金斯的奴隶贸易让女王看到了英国的希望，所以后来伊丽莎白女王不仅放纵这样的行为，而且还帮助像霍金斯这样的海盗，为他们提供资助，给他们物资和人员上的支持。在英国政府的官方支持下，奴隶贸易变得理所当然，无数的海盗船队打着英国的旗号前往非洲掠夺奴隶，然后再前往殖民国家进行售卖。奴隶贸易在英国俨然已经成为一种合法的行为，甚至后来英国政府还向作出了贡献的霍金斯颁发了奖章，而那枚奖章的正面图案正是一个被绑扎起来的黑奴。

英国皇家的支持

英国当时执政的伊丽莎白女王迫切需要大量的财富来支撑英国的发展，当时的英国处在一个非常重要的转折时期，在封建经济形态中已经出现了资本主义的萌芽，英国需要更多的财富来度过这个重要的时期。当时国内出现了一大批航海家，他们对外进行航海贸易，并且进行殖民掠夺。这时期的英国还资助那些规模较大的海盗集团，用他们来进行殖民掠夺，开展奴隶贸易，英国从中获取了巨额的利润，为资本主义发展打下了坚实的基础。其中的著名航海家、海盗头领霍金斯就是在得到英国女王的认可后，开始进行奴隶贸易，成为英国三角贸易的开端。

1563 年，霍金斯成功进行了第一次奴隶贸易并回国，女王在得知霍金斯获取了巨额利润后，亲自召见了他，并和他共同商谈第二次启程的事宜。之后，霍金斯得到了大量商人和贵族们的支持，他们踊跃投资，希望霍金斯尽快进行第二次奴隶贸易。更要说明的是，霍金斯的第二次航行还得到了英国王室的支持，女王和其他几名枢密院的官员联合一起，对霍金斯的第二次奴隶贸易进行投资，其中女王还将自己一艘 700 多吨的海船"吕贝克的耶稣号"折合成英镑投资给霍金斯的船队。实际上，这也是伊丽莎白女王开始把支持海盗事业转向前台的标志。女王已经把海盗势力转为己用，开始利用海盗的力量来获取更多的利益。

1564 年，霍金斯开启了第二次奴隶贸易。霍金斯率领着船队第二次向几内亚进发，已经有了一次奴隶贸易的经验，霍金斯对于第二次奴隶贸易更是充满信心，他认为这次奴隶贸易将会获得更大的利润。霍金斯一路披荆斩棘，到达了非洲西岸的几内亚霍金斯来到此地后，此地的黑人已经意识到了这是奴隶贸易的船队，所以当时的黑人还进行了反抗，但是一切都是徒劳的，霍金斯采取残酷的手段镇压了反抗的黑人，他们最终还是逃不出这些残忍英国人的掌心。霍金斯把这些黑奴带到了南美北部一带的西部殖民地港口，他们在这里贩卖了一些黑奴，但是并没有获得多少利润。后来霍金斯发现这里的西班牙殖民者已经不再和其他国家进行贸易，这是西班牙政府的命令，目的就是防止这些外来的国家在其中获取利益。霍金斯在此遇到了麻烦，他命令手下众人强行登陆上岸，试图强攻此地，西班牙殖民地的驻守官员受到霍金斯的威胁，随时可能出现生命危险，所以这些官员被迫同意与霍金斯进行奴隶贸易。霍金斯在此贩卖了大量的黑奴，换取了很多黄金、珠宝以及宝石。就这样霍金斯船上的黑奴很快就贩卖一空，

几内亚

1565 年霍金斯船队再次满载而归。

霍金斯第二次成功地完成了贩卖奴隶贸易活动，两次成功的奴隶贸易让霍金斯受到英国女王的青睐，同时得到了英国政府的高度赞扬，英国女王还为其颁发奖章。很多人还把霍金斯的探险之旅编成歌谣四处传唱，印成小册子向更多的人传播，霍金斯一下子成了英雄。尽管这次利润并没有具体的数字，但是英国政府的赞扬和人们的表现足以看出霍金斯带来的一切了。

当时赞扬霍金斯的人们可能不知道霍金斯的残忍行径，也不知道其中的野蛮细节，他们只看到了英国政府的赞扬，他们只是一味地随声附和，对普通的英国人民来说，获取巨额的财富是最为重要的，谁还会在乎那些细节呢？

伊丽莎白女王对霍金斯贩卖奴隶的行为给予支持，也就是说明奴隶贩卖在英国正式走上了皇家认可的道路，这种贸易的合法化，让更多的英国商人加入其中。后来对伊丽莎白女王反面的评价，也正是集中在这段时期，这段不光彩的历史时期也给伊丽莎白女王的功绩添上了污点。这种纵容海盗实行奴隶贸易的做法一直被后人批评，其实伊丽莎白女王明明知道这种贸易是不道德的、不合法的。身为国家的国王，她没有抵制住金钱的诱惑，也没有去想更多，而是选择接受这种奴隶贸易，这种做法也成为后人批判伊丽莎白的主要内容。

霍金斯从继承父亲事业开始，就一直航行于海上，他贩卖奴隶的做法当然永远是遭人批评的，但是他一直以来的奴隶贸易还是为英国的发展做出了贡献。

当时的霍金斯在海上建立了强大的船舰，他的奴隶贸易已经严重威胁到西班牙的海上贸易，对此西班牙国王也采取了一些措施。西班牙国王腓力二世对英国在拉丁美洲的殖民扩张表示强烈不满。很快，西班牙国王就向英国政府提出了抗议。他认为，虽然霍金斯用和平的方式进行贸易往来，但是同西班牙殖民地通商对外国人来说是非法的。西班牙严厉谴责英国政府的做法。英国的女王对此也是十分无奈，她也知道这是不合法的行为，如今西班牙政府已经提出来了，也不好去招惹西班牙，毕竟当时西班牙在海上的势力是十分强大的。

在西班牙和英国之间的矛盾尚未升级的时候，霍金斯采取了两面的做法，他向西班牙政府假称不再出海进行贸易，而又说服英国女王，让他进行最后一次航行活动，女王左思右想，最后还是同意了霍金斯的请求，准备开启第三次奴隶贸易活动。但是后来的结果证明，第三次奴隶贸易活动是一次错误的选择，霍金斯船队也因此付出了惨重的代价，霍金斯原本以为可以再次获取巨额利润的贸易活动演变成了一场灾难。

失败过后的启示

霍金斯两次成功的奴隶贸易为英国政府带来了巨额的利润，霍金斯俨然成为了英国的英雄，在英国人们沉浸在喜悦中的时候，海上强国西班牙却忍不住了，虽然没有对英国发动战争，但是西班牙政府的意思很明确：贵国的殖民掠夺和奴隶贸易已经严重影响了本国的正常海上贸易，另外贵国的行为也是不合法的，所以应该马上停止。作为奴隶贸易的海盗头领霍金斯可不这么想，他心中对西班牙虽然畏惧，但是利益和荣誉驱使着他进行第三次奴隶贸易。

1567 年，霍金斯开启了第三次奴隶贸易。这次船队规模比前两次都要大，霍金斯率领的船队一共由六艘船组成，其中有女王的两艘船舰和霍金斯表弟德雷克的一艘海船。此次奴隶贸易同样得到了多方的支持，并且这些投资者的地位也都很显赫，主要有英国皇家的官员和海军的一些大臣，另外还有很多著名的伦敦商人，他们为这次航行提供了大量物资。除此之外，这次随行前往的还有一些著名的外交人员，他们精通法语和西班牙语，对霍金斯此次航行意义重大。

　　船队从普利茅斯港出发，准备向几内亚海湾驶去，但是这次似乎并没有那么顺利。船队一开始就遇到了暴风雨，天气突变，暴雨一直下个不停，狂风卷积着海水冲向霍金斯的帆船。霍金斯在海上也是经历过无数次的风雨，但如此之大的暴风雨他也是头一次见。狂风呼啸而来，海面不再平静，海水在狂风的带动下形成十几米高的巨大海浪，霍金斯的船队被这突然袭来的暴风雨吹散了。暴风雨致使船上的很多船员出现不适应的症状，这些跟随霍金斯不长时间的年轻船员开始头晕、呕吐，浑身没有力气。船只在巨浪的拍打下，有些也出现了裂缝，但幸好不严重，并没有造成更大的损失。暴风雨总算过去了，霍金斯决定在附近的岛屿上休整几天，然后再继续前进。霍金斯和船队休整过后，又在戈梅拉岛添加了淡水，开始启程向几内亚驶去。

普利茅斯港

不久之后，霍金斯船队到达了佛得角。霍金斯马上派人登陆上岸，想要抓捕黑人奴隶，但结果却并不理想，他并没有抓到多少黑奴。后来，霍金斯遇到了好事，这里的两个黑人部落发生了冲突。一方黑人部落的首领请求霍金斯的帮助，并承诺可以带走这些与之对立的黑人，霍金斯帮助了这一方的黑人战胜了另一个黑人部落，就这样上百名黑人落到了霍金斯的手中。霍金斯马上启程，带领着数百名黑奴朝西印度群岛驶去。但结果仍然不顺利，他在那里的贩奴市场并没有贩卖掉多少黑奴，后来他几经周折把这些黑奴带到了南美的一些地区贩卖掉。在返航的时候遇到了海上飓风，强大的飓风让霍金斯船队陷入困境，多日来的海上生活让船上的水手开始变得沉默寡言，食物和淡水也没有得到补充，船上很多人的情绪也都变得暴躁，霍金斯也是疲惫不堪。

后来，霍金斯不得不把船队开到墨西哥湾的西属港口维拉克鲁斯，霍金斯等人还强行占据了那里的海岛。但第二天，一支由十几艘船组成的西班牙武装走私船队也进入了该港。霍金斯曾向西班牙国王保证过不再出海进行殖民活动，况且这次碰上的还是西班牙的走私武装势力，霍金斯感觉事情不好了，他试图和西班牙船队的指挥官商谈，但并没有取得成功。随后，西班牙船队对霍金斯船队发起了攻击，他们用大炮攻击英方的船只，在西班牙船队猛烈的进攻下，霍金斯船队的三艘船只被击沉，岸上的几百名水手也惨遭杀害。尽管英国的大炮也做出了猛烈的反击，但是抵不住西班牙的攻击，再加上船只被击沉，霍金斯船队已经无力回天，他只能带领剩余人员乘着未被击沉的船只返回英国。

霍金斯回国后，其失败的遭遇让英国国内一片哗然，他们不相信如此强大的船队会被打得这般狼狈不堪。英国女王对此也是十分气愤，当时恰好有一艘西班牙商船为躲避法国武装势力逃到了英国的港口，英国政府立即下令，抢夺了这艘西班牙商船，也算是对本国的一种慰藉吧。

至此，英国和西班牙之间的关系开始出现对立。霍金斯的第三次航行也是英西两国关系的重要转折点，它标志着英国同西班牙和平贸易的彻底结束。

在以后的数年中，英国的船长开始以海盗的身份前往西印度群岛的，而不是合法的商人。霍金斯在政府的支持下，也开始掠夺西班牙的船只，打击西班牙的海上力量。霍金斯在同西班牙船舰的多次较量中体会到加强海军建设的重要性，所以在以后的日子里他开始投身于海军建设的事业中。

其实也正是因为这次航海行动的失败，才让霍金斯充分意识到发展海军事业的重要性。霍金斯所作出的贡献，也正体现在他对英国海军事业的改革上。如果霍金斯只是单纯地进行海上奴隶贸易，那么他也不会被后人铭记，他对英国船舰的改革，成为英国打败西班牙无敌舰队的重要因素。

航海时期的海上殖民掠夺让各个国家之间的竞争尤为激烈，所以发展海上力量成为每个海上国家的主要战略部署，只有海上力量强大，才能占领更多的殖民地，才能获取更大的利益。英国通过多方位的发展，积累了大量的资金，发展海军力量是必然的。英国政府不惜任用大量的海盗来获取更多的利益，而被伊丽莎白女王任用的众多海盗中，对英国影响最大的就是霍金斯。

改良船舰和大炮

霍金斯对于英国的最大贡献就是改良了英国的船舰，英国海军后来战胜了西班牙的无敌船舰，其中就少不了霍金斯等人的功劳，这也是这位残忍的殖民者为其国家作出的最大的贡献。

在 1572 年的时候，霍金斯进入了国会，开始和国内的官员商谈海上事业的相关工作。到了 1577 年，霍金斯还凭借着奴隶贸易的贡献被任命为海军给养官。在职期间，他看到很多海军内部的腐败现象，针对此现象，霍金斯不怕得罪人，先后告发了很多职位在他之上的海军高官，之后他被提拔为海军财政大臣，取代了其岳父的职位。另外，霍金斯看到很多海上的士兵疾病频发，死亡率很高，为此他还建议英国政府能对这些生病和死亡的士兵进行补偿，但是这对于生存困难的士兵来说只是杯水车薪。但不管如何，霍金斯还是联合一些人成立了基金会，用于给生病和衰老的士兵以帮助。

霍金斯在担任财政官期间，整顿了海军财务，给女王节省了大量的开支。另外，霍金斯还参加和指导了船舰的改建工作。霍金斯和许多在海上航行的船长一样，知道什么样的船更适合在海上战斗，他在这方面拥有丰富的实战经验。英国以往的船只虽然体积大，承载人多，但是本身的重量太大，行动不灵便，很容易受敌人牵制，这类船并不适合近距离作战。霍金斯和多位航海家共同商讨，总结经验，在造船专家的帮助下，建造了一批新型的船舰。这种船舰没有以往的船只大，看起来并没有那些大船舰威武，但是这些中等类型的船舰行驶速度快，并且变换方向也很灵活，同时还能装载重型武器，是一种十分适合海上作战的船舰。由霍金斯等人建议改造的新型船舰优点明显，即使在恶劣的天气中也能保持一定的行驶速度，所以受到英国政府的赞赏。

霍金斯在海战的战术上也有所创新。原来的海战很多都是以登船近战杀敌为主，霍金斯知道其中的弊端，他开始研究一套以炮为主的新型海上作战战术，这种战术的主要出击对象不再是人，而是利用炮对敌人进行压制和破坏，击沉敌人的船舰，这样便可轻而易举取得战斗的胜利。为此，霍金斯还改良了一些旧式的大炮，这种老式的大炮笨重，而且杀伤力低。在经过霍金斯等人的改良后，一种新型的炮出现了，这种炮相对轻便，射程远、发射快、反冲力也小，这种炮更适合海上作战，精准度比之前的大炮还要高，能够轻而易举地击穿敌人的船舰。后来在同西班牙的战斗中也充分证明了这种大炮的威力。

1588 年，西班牙号称的"无敌舰队"从里斯本港出发，开始向英国西南海岸逼近，并且船队摆出了战斗队形，准备向英国发起进攻。英国见此，马上派出了舰队，迎战西班牙。西班牙舰队和英国舰队相距越来越近了，西班牙舰队试图采用横冲直撞的方式登上英国舰队，但英国的船只很灵活，几次都躲开了。随后，西班牙船只还扔出了钩子，试图依靠铁钩拴住英方的船只，以便登上对方的船只。但是，英国的船只再也没给西班牙船只考虑的机会，开始发射大炮，猛烈的攻势让西班牙船只有些措手不及，连忙开始回击，但是哪知道自己的大炮发射慢，而且射程近，再加上英方船只如此灵活，根本没有打到英方的船只。英国大炮的进攻更加猛烈了，西班牙很多船只已经被击中，引发了大火，很多船只都失火进水，沉入海中，船上的西班牙士兵更是苦不堪言，不是被火烧死，就是落入茫茫大海，不见踪影。

葡萄牙首都里斯本

西班牙舰队的指挥官见势不妙，想要后退，但是英国舰队紧跟其后，密集的炮弹让西班牙舰队无处可逃，只能硬着头皮边跑边打。激烈的战斗整整持续了一整天，最后西班牙舰队才狼狈离去。此后的数日内，西班牙舰队仍然没有放弃，继续同英方的舰队战斗，大大小小的战斗进行了无数次，但西班牙舰队始终没有占据上风，一直让英方舰队牵着鼻子打。

第八天，海上刮起了强烈的西风，西班牙无敌舰队上的士兵因为在海上连日的战斗，都早已疲惫不堪，夜晚来临时，都已进入梦乡。这个时候的英国则没有放松警惕，反而采用"火船"对西班牙舰队进行袭击，英国人把这些小船上放满杂草和沥青，然后点燃，排成行，借着强劲的西风吹到西班牙舰队的驻地。西班牙人被这突如其来的"火龙"吓坏了，这些火龙撞到西班牙的船后，燃起大火，浓烟滚滚，大火借着风势越燃越旺，西班牙人慌乱逃窜，死伤惨重。

连续的战斗已经让西班牙人苦不堪言，英国人还封锁了西班牙人的退路，这使西班牙的补给严重短缺，西班牙难以得到支援，最终只能以失败告终。这次战斗西班牙舰队几乎是全军覆没，而英国只损失了一百多人，可见其差距。

英国舰队打败了西班牙的"无敌舰队"，在海上占据了更为重要的位置，英西两国的海上战争，使英国在海上的地位得到了极大的提升，之后两国虽有交战，但西班牙已经无法阻止英国势力的扩张了。

这次战斗中，霍金斯也参与其中，并以海军少校的身份和西班牙人作战。由于霍金斯的战功显赫，所改造的军舰和大炮发挥了很大的作用，所以霍金斯还被英国政府授予了爵士称号。霍金斯之后仍然同西班牙在海上交战，双方也是各有输赢，1595年，在一次远征活动中，年老体弱的霍金斯死在了自己的船上。